U0304325

超会学习的大脑

中学生备考学习法

The Brain Box

The Essential Guide to
Success at School and College

〔英〕大卫·霍奇森(David Hodgson)
〔英〕蒂姆·本顿(Tim Benton) 著

曹慧 史健媛 译

机械工业出版社
CHINA MACHINE PRESS

图书在版编目（CIP）数据

超会学习的大脑：中学生备考学习法 / （英）大卫·霍奇森（David Hodgson），（英）蒂姆·本顿（Tim Benton）著；曹慧，史健媛译.—北京：机械工业出版社，2023.6（2023.11重印）

书名原文: The Brain Box: The Essential Guide to Success at School and College

ISBN 978-7-111-73320-1

Ⅰ.①超⋯　Ⅱ.①大⋯　②蒂⋯　③曹⋯　④史⋯　Ⅲ.①中学生—学习方法　Ⅳ.①G632.46

中国国家版本馆CIP数据核字（2023）第116096号

机械工业出版社（北京市百万庄大街22号　邮政编码100037）
策划编辑：丁　悦　刘文蕾　　责任编辑：丁　悦
责任校对：韩佳欣　陈　越　　责任印制：单爱军
北京联兴盛业印刷股份有限公司印刷
2023年11月第1版第2次印刷
130mm×184mm·8.375印张·2插页·214千字
标准书号：ISBN 978-7-111-73320-1
定价：69.80元

电话服务　　　　　　　　　　网络服务
客服电话：010-88361066　　机　工　官　网：www.cmpbook.com
　　　　　010-88379833　　机　工　官　博：weibo.com/cmp1952
　　　　　010-68326294　　金　书　网：www.golden-book.com
封底无防伪标均为盗版　　机工教育服务网：www.cmpedu.com

谨以本书献给所有曾为本书提供建议和灵感的学生们和同事们，以及即将使用它的你。

目录

前言　属于你的书

本书思维导图

第 2 章
恰当的技巧——找到学习目标

第 3 章
恰当的技巧——找到学习方法

超会学习的大脑

V

第 4 章
恰当的练习——复习的方法

第 5 章
恰当的练习——应对考试的方法

第 6 章
面对结果

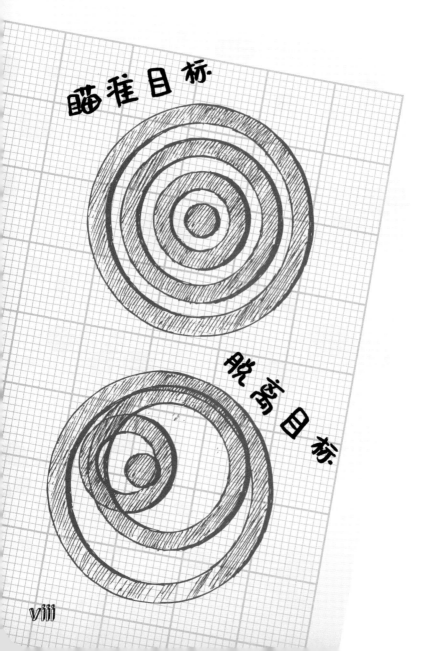

瞄准目标

脱离目标

前 言

属于你的书

本书的规则是——没有规则！

这本书是你自己的。

这意味着你可以利用它做你喜欢的事情。

书里的空白处可做笔记或是涂涂写写*，也有一些内容可供互动，还有测验和其他工具可以帮助你更好地了解自己。

当你读完这本书时，书上可能会被涂写得密密麻麻。它将是陪伴你度过考试季的好朋友，会帮你渡过难关。

爱上这本书。让它属于你。

* 你不必成为一名了不起的艺术家——自在地记下大脑中浮现出来的内容就好。迟早，你会只需要看你的涂涂写写就能回忆起你所做的和所学的。试试看！

你的涂涂写写在诉说着你的什么信息？

- 箭头——野心和攻击性。

- 盒子——有条不紊的思考者。

- 眼睛——你觉得你正在被别人注视和评判。你想被别人注意。

- 星星或鲜花——你很浪漫。

- 问号——你对未来感到迷茫。

- 雨伞——你很无聊。

- 网——你觉得自己被困住了。

你有很多创意，所以开始动手吧！

独一无二

这个星球上有超过70亿人，每个人都是独特的！我们有着不同的天赋和能力，我们也都有着某些可以回馈世界的优势。

请看看你手指上的指纹。这就是证据，你的指纹是你独有的。

这让你与众不同。但这是一种好的不同。

我们都是不同的。有些人喜欢奶酪，有些人讨厌。

有些人喜欢重金属摇滚乐或其他非主流音乐，有些人只是想听点通俗音乐。

有些人喜欢一直玩电子游戏，有些人喜欢刷刷剧，或和朋友一起出去玩。

如果我们都一样，有着一样的想法，以同样的方式做事，那这个世界会多么无聊呀！

复习也是如此。学习也是如此。

我们的学习方式可以像指纹一样个性化。

希望这本书能帮助你找到独属于你的学习之道。

一旦你找到了最好的方法，你会变得有序，你将持续学习。你会做得更好，变得更聪明，并不断成长。

然后你就可以在这个世界上留下你的印记。

你的个人资料：

姓名：..................................

年龄：..................................

学校：..................................

复习会使我（标出适用于你的词）

我的指纹

悲惨	放弃	兴奋	无聊
快乐	呕吐	专注	饥饿
不在乎	担心	贬低自己	
精力充沛		其他＿＿＿	

我认为的幸福是:

长大后，我想成为:

我目前的状态:

把喜欢的人的照片贴在这里吧!

此时此地……

在一切开始之前，请看看下面哪些描述适用于你？在方框中打钩，然后阅读下面提示中那些对你有意义的部分。

- ☐ 我因考试感到压力很大。——阅读"压力"篇
- ☐ 我现在很好。——阅读"做得不错"篇
- ☐ 我想做得更好，所以我正在阅读本书，用来了解我是否可以做些什么来提高自己。——阅读"还有什么？"篇
- ☐ 我在考试中总是表现得很出色，所以我没有什么困扰。——阅读"没有困扰"篇
- ☐ 我想复习，但不知道如何做。——阅读"我想，但是……"篇
- ☐ 什么对我都没用，我什么都记不住。——阅读"无济于事"篇
- ☐ 人生苦短，没空复习。——阅读"人生苦短"篇
- ☐ 我不在乎我是怎么做的。——阅读"不在乎"篇
- ☐ 我说我不在乎怎么做，但我其实很在乎。——阅读"真的在乎"篇

"压力"篇

你对考试感到"压力山大"。

你可能对自己的人生方向有非常清晰的想法，并且知道现在已经开始了。也许你因为想要学好又或许是为了你的父母或者你的老师而感到背负了几吨重的压力，也许你有一个学业出众的哥哥或姐姐，你觉得自己需要努力做得和他们一样好，甚至更好。

你不是第一个感受到这种压力的人，也不会是最后一个。还有许多其他年轻人也有着同样的感受。这种感受是真实存在的。你需要做的是管理你的压力——如果你不能应对你的焦虑，你就更有可能把事情搞砸。

首先，你需要谈谈压力以及它带给你的感受。与朋友、相处融洽的老师或父母谈一谈。也许可以找学校的心理辅导员。只是谈谈你的焦虑，就会有帮助。

这本书中有一些你需要了解的知识（参见第1章"大脑使用指南"），尤其是如何缓解压力的内容，事先了解可以有备无患！了解有关学习动机的内容——你是否想以正确的理由把事情做得很棒（参见第2章"动机：寻找内部动力"）？

可能你在学校总是成绩优秀，并没有真正经历过失败。然而，我们总会有失败的时候，这就是生活！我们需要知道如何应对它，更重要的是，知道失败并不是世界末日。即使你未通过所有的考试（我并不认为这会真的出现），你也会找到继续前进的方法。读一读那些关于面对失败不得不说的内容（参见第2章"著名的失败"）——它会帮助你意识到眼前总前进的道路。

如果你需要具体的复习技巧，请查看我们在第 4 章中的建议。

如果恐慌的情绪让你回避复习，请阅读我们对此的看法[参见第2章"你患有不愿意综合征（CBAS）吗？"]。

另请阅读关于时间管理和保持生活平衡的内容（参见第4章"艾森豪威尔矩阵：帮你用好时间"）。

如果你只是有出色的考试成绩，那么你可能还没完全拥有你所需要的……

"做得不错"篇

你在想"我现在已经很好了"。

嘿！你很棒。但不要自满！调整节奏。阅读我们关于规划不吐不快的内容（参见第4章"计划你的复习时段"），并继续前进。

有一种危险是你现在很努力地学习，但学习方法不够巧妙，所以我们需要正视自己是否有效复习了（参见第4章）。此外，如果你一直在重复做同样的事，你可能会感到无聊，因此请确保你时不时地可以振作一下。请阅读我们在第3章中所写的关于如何保持热情的内容。

"还有什么？"篇

你想做得更好，所以你正在阅读本书，以了解你是否还可以做些什么来提高自己。

精神可嘉！你已经意识到成功有很多种方式。好成绩只是其中的一部分，你会在第4章中找到一些绝妙的技巧来提升你的复习效率。

同时，成为一个有综合能力的人也很重要。你考虑过积累一些工作经验吗？你唯一的爱好是在《使命召唤》游戏中冲级吗？你是如何度过你的休闲时间和假期的？你在社交平台上会发布什么样的内容呢？如果你在网络上看到了"成绩好也没用，也找不到好工作"的信息，那么请听听我们对此的看法（参见第2章"谁想成为人生的百万富翁？"）。

这里有一些关于时间管理的建议（参见第4章"艾森豪威尔矩阵：帮你用好时间"），还可以间接帮助你提高玩游戏的水平。

当然，请确保你会遵循我们在第5章中关于成功完成考试的建议，因为这会是一个很好的开端。

"没有困扰"篇

你总是在考试中表现出色，所以你不会有太多困扰。

哦，原来你是个聪明人！很不错哟！但这是不够的。有时，我们会意识到在某些事情上我们需要付出比预想中更多的努力。我们中有一些人在学校里表现一直良好，但后来发现获得好的中考成绩需要付出的努力比预想得要多。有的人则是在高考冲刺的过程中才意识到这一点的——因为他们曾不费吹灰之力就获得了不错的中考成绩。还有些人在第一次意识到他们必须努力之前就升入了大学。其他人则是在他们得到了第一份工作后，才发现自己并不像一直认为的那样聪明。

为什么要冒险？现在就努力。没有人在回首学校生活时会想："我希望我当时少努力一点！"没有人能在中考时只付出很少的努力就获得高分。不经过奋斗，也没有人能在高考中取得好成绩。

阅读我们对你的竞争对手的评价（参见第2章"你的竞争对手是谁？"）。好是不够的。你可能会发现本节是一个真正的警钟。

"我想，但是……"篇

你想复习但不知道怎么做。

嗯，好消息！你有了本书！通常学校很擅长告诉你必须复习，甚至复习什么内容，但通常不会告诉你如何复习。阅读第4章中的所有技巧。有些会对你有帮助。使用那些对你有用的，忽略那些没用的，但不要害怕去尝试。

"无济于事"篇

"这里没有对我有用的方法"——你什么都记不住。

啊！这不是真的。你只是没有以正确的方式进行复习。阅读我们对寻找正确的方式来学习的内容（参见第3章"多元智能法"）。

我们都可以学习，但需要找到最适合我们的方法。一旦我们有了工具，我们将势不可挡。当然，我们还需要拥有恰当的心态（参见第1章）。

"人生苦短"篇

你认为人生苦短，没空复习。

但如果你最终选择了一份你讨厌的工作，事情就会变得更糟糕。如果你认为学习很无聊，请先看看如果你真的退学了，你可能要面对的问题。

阅读关于目标设定和步骤的内容（参见第2章"重新审视你的目标"）。在更完美的方案中，下工夫和复习只需要很短的时间，但只要付出，就会有回报。

"不在乎" 篇

你说你不在乎怎么做。

那么本节可能是你在本书中唯一想要读的内容，因此我们可能只有大约 10 秒的时间来创造点什么不同。

倒计时开始……

10. 生活可能很糟糕。但这只意味着在过去可能确实如此，而并不意味着它永远都是那么糟糕。

9. 我们知道你现在不相信，但你拥有的东西比你想象的要多。

8. 只是因为你现在处于绝望的感受中，但并不意味着它就是事实。

7. 你的老师不讨厌你，所以不要再和他们作对了。大家会帮助你。无论你如何看待自己，你绝对不是一文不值。

6. 人生会面对很多不公平，但你可以让它变得没那么糟糕。

5. 总有一天有人会认为你很了不起。现在这似乎让人难以置信。试着去畅想你的未来，因为总有一天它会因你的努力而改变。

4. 昨天已经过去，但你还有明天。每一天都是新的开始。

3. 你脑海里的声音——告诉你做这些是在浪费时间，什么都不会改变的那些声音——是假的！

2. 你脑海中那些否定你的声音也都是假的。

1. 如果你去尝试，事情会变得更好：你比你认为的自己更聪明、更有能力。而这绝对是真的！

我们希望你能继续读下去。

"真的在乎"篇

你说你不在乎怎么做——但你其实真的很在乎。

嗯。一直在别人面前保持某种形象确实很难，假装是这样子，但实际上你是另一个样子。为了维持这个形象，可能会消耗你所有的能量！

冷静、放松、做你自己。

停止一直以来的消极应对模式和小题大做的行为吧！最终受伤的人是你自己。你可能会担心朋友对你的看法，但五年后他们可能都不会出现在你的生活中了。是时候为自己挺身而出了。

你知道你想从生活中得到什么吗？没有人会把它们给你。你需要为这些而努力。从现在就开始吧。抱歉，这些听起来是很苛刻的要求，但我们需要面对现实。

如果你忙着做不真实的自己，那将会付出代价。如果你一直在指责别人并且总是粗鲁无礼，你会感到非常孤独。这可能会导致压力的产生。压力和担忧让我们的生活变得一团糟。拥有健康的身体固然好，但拥有健康的情绪也同样重要。阅读书中关于照顾你的心理健康的内容吧（参见第1章"保持恰当的心态"）。

如果你真的在乎，那就做点什么！

把事情搞糟……

把事情做好！

当别人第一次介绍一群人给我们时，我们很难记住那些人的名字。

这是为什么呢？

第一，错误的心态。这是因为当我们被介绍时，我们的注意力不在我们将要认识的人身上，而是在自己身上！

我们甚至会忘记和这些将要认识的人进行眼神交流，因为

我们正在担心自己的新发型会不会难看或者穿的衣服是否得体。还可能是其他各种各样的原因让我们感到紧张。甚至在他们说自己的名字时，我们就没听进去，因为我们没有真正在听。

第二，错误的技巧。如果我们能够遵循几个简单的规律，我们可以记住所有名字。

当我们初次与某人见面时，应该有眼神交流，在微笑着握手时说："你好，我叫大卫。"

然后扬起眉毛（提示对方该说些什么了），并在他们说"嗨，我是保罗"之后，大声地重复他们的名字，说："你好，保罗，很高兴见到你。"

当我们大声说出他们的名字时，我们会将他们的名字与他们本身的特点联系起来。一个押韵的词组就不错——如果保罗很高（tall），我们可以试着记成，高保罗高保罗（tall Paul，tall Paul）。如果他看起来像某位叫保罗的名人，我们可以想象他穿得像保罗·麦卡特尼（Paul McCartney，著名歌手，被英国皇室授予名誉勋位）。试试看——真的管用！

第三，错误的实践。实践至关重要。实践能发展技能，实现最佳表现。

如果你用了上面的技巧，你会更容易记住别人的名字。你做的次数越多，就越容易。一段时间之后，这就会成为你的一种习惯。养成好习惯是非常有益的，会帮你成为更好的自己。

本书还有更多类似的技巧，所以请继续阅读！

有效的学习、复习过程和记住一个名字是一样的。我们可以用同样的方法进行学习和复习。

- 我们有时候学不好是因为没有专心。听课的时候，心思在别的事情上，所以知识根本没听进去。

- 紧张也会限制我们的学习效果，向内心输入负能量，使我们更关注自己而不是学习（当你一直被紧张感困扰时，这其实很愚蠢）。

- 能够为了学习、复习和考试调整到恰当的心态是至关重要的，在我们知道如何做之后，这其实相当容易。

- 我们不会学习如何学习，但这很容易学会。本书涵盖了在课堂、家中和在考试中表现良好的规律。了解这些规律会节省你的时间和精力，并快速改善你的表现！

- 我们需要通过实践练习书中所描述的技巧，用来提升我们的技能和表现。

进一步简化流程：

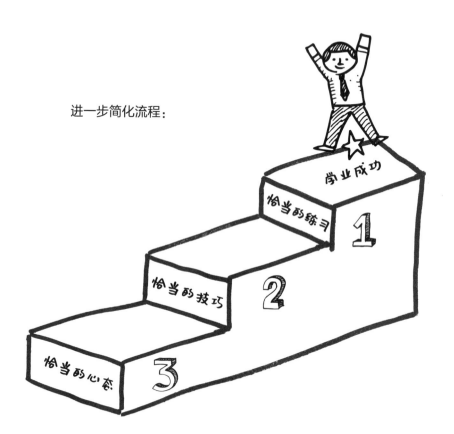

英国著名设计师、作家约翰·拉斯金（John Ruskin）在1896年为设计者协会设计了一则座右铭："头脑，双手和心灵"（Head, Hand, and Heart）。

头脑（Head）是指创造力和想法。它关乎恰当的技巧，你在想什么？

在这里画上你的脸

双手（Hand）是指技能和技巧。它关乎恰当的练习。你在做什么？

心灵（Heart）是指诚实和爱。它关乎恰当的心态。你在感受什么？

如果你自我感觉良好，并且能以正确的方式思考和做事，那么你做什么都会成功。

本书思维导图

心流 ✓ ☺

好奇的4个学习
阶段当……时，乏味 ✗
我学得最好 ☹ 无聊

☺ 放松 ✓
每天55次

恐惧 ✗ ☹
压力

音乐 🎵
睡觉 Z z z
F.O.M.O
（错失恐惧症）
小学

S.T.A.R
（停下—思考—
行动—反思）⭐

选择
心态

我是独一无二的

杯子半满？

可变的

敢于…（取得好成绩）

开放与封闭的心态

积极的

介绍

我的
信念

第1章

R.I.N.G!
（学习环）
⭐ ⭐

大脑使用指南

神经元
多巴胺

注意饮食 重要提示
之前

考试 之后

学业成功

第5章

恰当的练习

恰当的技巧

恰当的心态

1 2 3

第6章

我的计划

选项

进入大学的
重要提示

考试结束后

给家长的建议

我的"猴子们"

XXX

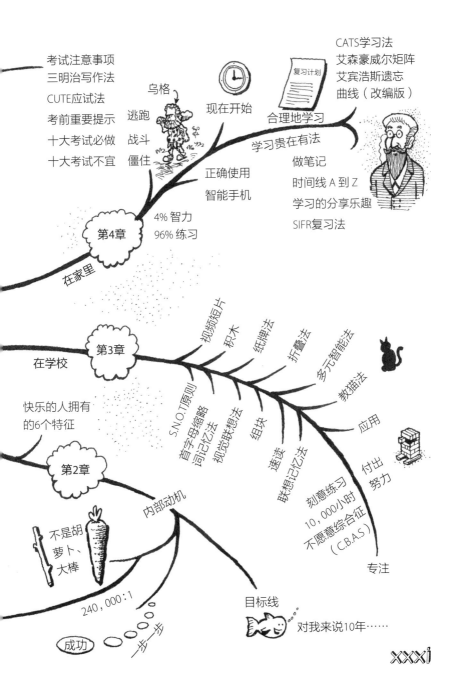

考试注意事项
三明治写作法
CUTE应试法
考前重要提示
十大考试必做
十大考试不宜

乌格
逃跑
战斗
僵住

现在开始

复习计划

CATS学习法
艾森豪威尔矩阵
艾宾浩斯遗忘
曲线（改编版）

合理地学习
学习贵在有法
做笔记
时间线 A 到 Z
学习的分享乐趣
SIFR复习法

正确使用
智能手机

第4章

4% 智力
96% 练习

在家里

第3章

在学校

视频短片
积木
纸牌法
折叠法
多元智能法
教猫法
应用
付出
努力

第2章

快乐的人拥有
的6个特征

S.N.O.T原则
首字母缩略
词记忆法
视觉联想法
组块
速读
联想记忆法
刻意练习
10,000小时
不愿意综合征
（C.B.A.S）
专注

内部动机

不是胡
萝卜、
大棒

240,000：1

目标线
对我来说10年……

一步一步

成功

第1章

恰当的心态——认识你自己

信念：哪些信念限制了你？

我们头脑中的信念非常神奇。它们让我们成为我们自己。

有些信念让我们积极进取，而有些信念则会限制我们。

某些强烈的信念可能是难以撼动的，而另一些则会转瞬即逝。我们可能曾经认为圣诞老人是真实存在的，我们可能认为自己永远都学不会骑自行车，我们还可能会认为自己正在爱着某些人或物。

那么，你对学习、学校、教育和你的智力的信念是什么呢？

它们将对你的未来产生极其重大的影响。

此刻，你有没有觉得自己做不成而正在逃避的事呢？

只要你相信，你就能实现，是这样的！

——英国说唱歌手迪兹·瑞斯可

（Dizzee Rascal）

大卫说：

　　一位老师最近把她和她所有学生都分享过的"咒语"告诉了我：

　　你比你的问题更强大。（**Be bigger than your problems**）

　　这句话，我越是反复琢磨，越觉着意味深长。

　　它是如此简单，却又如此深刻——我们只需要比我们面前的挑战更强大一点儿就好。

　　你曾有过比你面临的挑战更强大一点儿的经历吗？

　　有什么是你曾经害怕（但现在不再害怕）的吗？你改变了什么？

　　我们小时候，会害怕各种各样的东西：黑暗、奇怪的食物、纽扣、黄蜂、神秘博士和我们床底下的"东西"！

　　当我们长大一些，我们开始害怕"可能会发生的事情"。

　　我们害怕的大多数事情根本不存在或者可能永远都不会发生。

　　我们唯一应该害怕的是没能让生命完全绽放。可悲的是，很多人都太害怕以至于虚度了光阴。希望你不是其中一员！

蒂姆说：

我最近被迫参加了旱冰俱乐部（这说来话长）。我已经40多岁了，这事儿本不应该发生在我身上。我的妻子说："去吧！应该会很好玩。穿上旱冰鞋。"好吧，我很乐意体验新事物，所以尽管我的第六感告诉我这是一个非常糟糕的决定，我还是穿上了旱冰鞋。我站起来，摇摇晃晃地向前走了几步。

"我不会滑旱冰！"我对我的妻子克莱尔喊道。

"你可以，"她说，"滑就是了！"

"滑？怎么滑？我在轮子上啊！"我说。"我想回去！"我补充道。

"不行。"克莱尔说，"这是单行道——你必须绕完这一圈。"

在接下来的十分钟（感觉像是几个小时），我以一种不体面的姿势沿着场地的边缘走了一圈儿。正在此刻，我的朋友西蒙（从未滑过旱冰，而且也四十多岁了），开始加速并且做了一个可以称之为单脚旋转的动作，在轮子上！在旋转的轮子上！

"你不是说你以前从没滑过冰吗？"我十分恼火。"我没有滑过呀，"西蒙说，他看起来太高兴了。

"哦，那你到底是怎么做到的？"我问道，完全不相信。"你怎么可能不摔倒？"

"我只是假设我能做到，"西蒙耸耸肩，解释道。"我一直很擅长运动，大多数运动对我来说都是自然而然地就会了。"

他认为他很擅长。这是有道理的。当我穿上旱冰鞋时，我认为自己做不到。迪兹·瑞斯可是对的：如果你告诉自己可以做成某事，你成功的概率就会大大增加。同样，如果你持消极态度并认为自己无法做成某事，那么你很可能会失败。

敢于（DARE）
（取得更好的成绩）

这是一个简简单单的词。它让你想到了什么？

Truth or dare？（真心话大冒险？）

The Song by Gorlillaz？（街头霸王乐队的歌？）

Daredevil？（漫画《超胆侠》？）

Dan Dare？（漫画《大胆阿丹》？）

你会想到——孤勇者

你会想到——探险？

你会想到——蹦极？

你会想到——飞机跳伞？

鼓励你的小伙伴去做点什么？

写下你想到的：

....

....

那么，相信你的能力和智慧，你敢吗？

通常我们不敢。

来，在下面写下你认为你能在考试中取得的成绩。当结果出来时，你期望看到什么？先写科目，再写成绩。

....

....

你敢相信自己吗？你有不及格的成绩吗？如果有，你其实低估了自己：目标再高点。

现在，划掉你写的成绩，改为在出成绩时你希望看到的分数。不是你认为你会得多少分——而是你想得多少分。什么分数会让你心花怒放？

你觉得你能够取得这样的成绩吗？

有人能取得这样的成绩。他们其实和你一样。他们能取得那样的成绩，不是因为他们比你聪明或比你优秀，而是因为他们敢于相信这是可能的，并为之付出了努力。

这些就是你现在的目标成绩，就是你努力的方向。

脑力升级秘笈 1：我是一名学习者

一条值得拥有的伟大信念是："我是一名学习者。"

到目前为止，在你的人生中，你已经学会了什么（圈出适用的项目）？

走路　　说话　　识字　　游泳　　演奏乐器　　阅读

写作　　购物　　玩电脑游戏　　剥香蕉　　绘画

唱歌　　玩耍　　假装摔倒而不让自己受伤　　下棋

友善　　跳跃　　第二语言　　吃东西　　洗脸刷牙

跑酷　　用舌尖舔鼻子（或舔手肘）　　保持好奇心

吹口哨　　大笑　　整理床铺　　刷油漆　　穿衣服

滑滑板　　喝水不呛　　排队　　化妆　　参加活动

说出你的意见　　亲吻你的宠物　　交朋友　　讲笑话

跳舞　　烤蛋糕　　真诚微笑

添加更多你特别引以为傲的内容。

你还想学着做些什么？

"不可能"只是胆小之人的借口罢了，他们觉得那样生活在世上更容易，而不愿去尝试拥有改变的力量。"不可能"并不是一种事实，而是一个观点。"不可能"不是一种宣言，而是没有勇气的表现。"不可能"是一种可能性。"不可能"是暂时的。没什么是不可能的。

——拳王穆罕默德·阿里
（Muhammad Ali）

你是可改变的吗？

你是僵化的还是灵活的？你已停滞不前，还是能继续成长？你是开放的还是封闭的？

前几天我去健身房找我的私人教练。"你能教我劈叉吗？"我问。

"这取决于你有多灵活。"他回答道。我说："我星期二有时间，你可以教我。"

有些人拥有僵化的心智模式。他们说："这个我可以"，但"那个我不行"。他们不相信自己有能力成长和学习。他们受限于自己的消极信念。

有些人则有灵活的心智模式。他们能够成长。他们会说"这个我可以"和"那个我还不行"。"还"很重要，这表明他们相信自己可以改变。因为他们认为他们可以，他们很可能就会做到。

明白了吗？如果你认为你可以做某事，你很可能就会去做。如果你认为你做不到，那你可能永远也不会去做。

> 不管你认为你能，还是你认为你不能——你都可能是对的！
>
> ——福特汽车公司创始人亨利·福特
> （Henry Ford）

你的心智模式是开放的还是封闭的？

用这个有趣的测验来探索你的心智模式吧——同时获得一些建议。哪种说法更适合你？每个问题请在A或B中圈出一个，最后计算你的分数。

1. 挑战
   - A. 我喜欢新挑战。我享受把自己推进新领域时的冲劲。
   - B. 我不喜欢新挑战。我更喜欢一直做我擅长的事情。

2. 困难
   - A. 遇到困难时，我倾向于轻易放弃。
   - B. 如果某件事很困难，我会一直坚持到我能做到。

3. 掌握
   - A. 我相信只要我努力去做一件事，我就能做到。
   - B. 世界上总会有我永远不能做成的事情，所以何必努力呢？

4. 批评
   - A. 我不介意别人纠正我的错误。我认为积极的反馈有助于我变得更好。
   - B. 你为什么批评我？从我面前消失！

5. 成功
   - A. 我讨厌看到别人做得很好，这让我很沮丧。
   - B. 看到或听到别人做得好，我真的很受鼓舞。

6. 哪条座右铭最贴合你的想法？
   - A. 人类都能踏上月球了，就别跟我说天空是极限了。
   - B. 如果一开始你没有成功，就赶快放弃。

7. 当表现不好或者考了低分的时候，你会有什么反应？

   A. 我觉得没有再尝试的意义了。

   B. 我需要弄清楚我做错了什么，以便下次我可以得到更高的分数或更好的成绩。

8. 当你在考虑怎么才能与喜欢的人搭话时，你脑海里的声音在说什么？

   A. 我应该约他们出去，但我想他们会拒绝我。

   B. 他们确实和我有点距离，但我会努力让他们注意到我。

9. 朋友建议你听他们喜欢的音乐，但你却不喜欢。你会如何回应？

   A. 好的，我会去听。

   B. 不，谢谢，我喜欢我正在听的。

10. 你的假期状态更偏向于哪一种？

    A. 我放假了！让我们去尝尝当地不常吃的美食吧！

    B. 我放假了！去吃份薯条？

1.　A = 3. B = 1.
2.　A = 1. B = 3.
3.　A = 3. B = 1.
4.　A = 3. B = 1.
5.　A = 1. B = 3.

6.　A = 3. B = 1.
7.　A = 1. B = 3.
8.　A = 1. B = 3.
9.　A = 3. B = 1.
10.　A = 3. B = 1.

小于等于12分

你目前可能有一个封闭的头脑和一个不太好的心态。如果你愿意接受自己可以变得更好的可能性，你可能会发现世界上的很多东西都让人兴奋，并且会有新的体验。如果你能拥抱机遇，你无疑会更加快乐和成功！陷入僵局、困境——唯一的阻碍是你自己！你可能喜欢更智慧的想法，但你深信自己不具备它们。如果你不信你可以变得更智慧，那你就错了。这里有个好消息。你可以的！相信自己吧。

13~21分

你正在向前迈进。你需要选择一些关键的态度，如果你持续保持这些态度，你将能取得更大的成就。再坚持一下，变得更积极！如果你总是只做你做过的事，你收获的也只会是你已经获得的。

22~30分

哇！你热爱你的生活。你准备好迎接挑战，没有什么能阻止你。继续前进，超级巨星！你要相信你还有潜力待开发，而且你很乐意这样去做。

因此，拥有开放性（成长性）的思维很重要。成功的第一步是相信成功是可能的。如果你不相信自己可以做好，那你就很可能永远都做不到。如果你用"我很笨""我永远及格不了""我不擅长那个科目"来限制自己，你会严重阻碍自己前进的步伐。

脑力升级秘笈 2：尝试新事物

现在就开始实践吧，本周就去尝试一些新事物。

把它们当作一份小小的愿望清单。

就如我们会定期更新我们的手机一样，有时我们也需要更新我们对事物的态度和信念。

可以尝试的事物：

- 从未尝过的食物。
- 通常不会读的书。
- 通常不会看的电影或电视节目。
- 与你一直想要但还没来得及的人交谈。

把你的想法加在这里：＿＿＿＿＿＿＿＿＿＿＿

积极的人这样做：	消极的人这样做：
鼓励	嘲笑别人
微笑	不满
称赞	批评
说"谢谢"和"请"	只看到别人的缺点
在别人身上寻找优点	万事以自己为先
帮助	心怀怨怼
原谅	责怪别人
承担责任	只在对自己有好处的情况下去帮助他人
道歉	
善待	传播流言
无视谣言	争论
讨论	

改写过往信念

试着对镜子里的自己大声说下面的话（你可能觉得这很傻，但起码试一次）：

我可以做得很棒。

我可以获得更高的分数。

我很聪明。真的，我很聪明！

如果我开始工作，我会干得很好。

如果你在说这些话时感到自己很傻，这表明你关于自己的某些信念正在限制你。

有时我们对自己有根深蒂固的消极信念，这可以追溯到我们很小的时候。

也许有人曾告诉你，你不擅长某个科目。也许有人告诉过你，你不像你的兄弟姐妹那么聪明。

也许在小学的时候，你坐过"调皮鬼专用桌"，或者专为能力较差的孩子们准备的课桌。

这些经历塑造了我们，长此以往，我们开始相信这些外界给予自己的评价。

我们如何看待自己，以及他人如何看待我们，确实会对我们的发展产生影响。

我们曾经的经历，无论好坏，造就了今天的我们。

有时，我们的经历使我们变得更聪明、更强大，更有能力应对挑战或帮助我们解决问题。

有时，这些经历是无益的。

我们中的一些人长年累月地背负着关于自己的偏见，但这些偏见可能并不是真相。仅仅因为我们曾在小时候以某种方式被人看到，这并不意味着我们将永远如此。

是时候重新开始了吗？

你是不是需要说"够了"，并开始以不同的方式看待事物？

立即行动，成为全新的你

请你想象一下，你有一个非常大的背包，而你即将开启你的徒步旅行。于是你把背包甩到背上，然后踏上了旅程。

在旅途中，你遇见了各种各样的人，经历了不同的冒险，收集了大量的纪念品。随着旅程的继续，越来越多的东西被放进背包，它变得越来越重。

一段时间后，沉重的背包让人不舒服。后来，它令人痛苦。而你还在继续前进，随着你的前行，背包里的物品还在增加，让你越来越不堪重负。你感到筋疲力尽，希望再也不要背着它到处走了。

然而最终，你会习惯于肩负重物，越来越麻木于这份不适——就像它一开始就存在一样。你会忘记最初没有负重的样子。

只有当最终卸下重担时，你才会意识到它是多么沉重的负担，它是如何让你退缩，让你挣扎并毁掉你的旅程的。

你有这种感觉吗？你有被过去压垮过吗？如果是这样，是时候放下负担了！

做选择吧，和你信任的人聊一聊。做决定吧，不要再这样生活了。

升级你的思维方式

你相信什么?

将下页纸对折。在折痕左侧记下你已经随身携带很久的那些关于自己的无益信念。它可以是任何内容。到现在为止,你甚至可能都没有意识到它们在那儿。

以下是大家背负的众多无益信念中的一些:

我很笨。我数学不好。没有人会喜欢我。谁都比我聪明。我不够好。所有人都讨厌我。

我不会写作。我做不到。我及格不了。我很丑。我不会拼写。这简直毫无意义。

我怎么做都不对。都是我的错。我是个麻烦制造者。我就是个白痴。我是个完全的失败者。我不配拥有好东西。

那么,你背负的那些无益信念是什么呢?把它们写在这张纸的折痕左侧吧。

你想用什么来代替它们呢?

现在，在这张纸的折痕右侧，写下一个更好的代替版本———种崭新的思维方式，让你的信念升级。

这里有些例子:

- 我很笨 ⇨ 我擅长做一些事，只不过不能擅长做所有事。

- 我很丑 ⇨ 我长得有些特点，但和大多数人一样，我并不完美。

- 我数学不行 ⇨ 我可以掌握一些数学运算（例如分数、百分比），但在其他部分（例如维恩图、代数）上需要更多帮助。

完成后，请划掉你在折页左侧所写的内容。

现在，你需要停止被划掉部分的思维方式。这些想法迟早会消失。很显然，这需要一些时间，但请持续让自己回到折页右侧的列表上来。一遍一遍地对自己大声地读出来，不断地对自己说——尽全力去相信它们。

有时，这些负面的东西深深地根植于心。你可能会发现你需要与其他人，那些你可以信任的人/会帮助你改变的人深谈。请记住: 背负沉重的"背包"是痛苦的。没有它，你通常会感觉更好，走得更远，更快乐。

无益信念   升级信念

保持恰当的心态

　　无论是在学校还是在家里，我们都需要为即将开始的活动保持恰当的心态，包括运动、锻炼、社交、学习和复习。

　　对于学习，肯定能找到一种最合适的心态。

　　这里有个图示显示了人类大脑在不同的情绪状态下产生想法的数量。

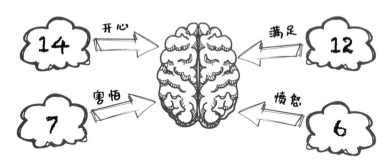

看到了吗？恰当的心态=更多的想法！

因为改变我们的心态比改变我们的行为和信念更容易，所以这是一个明智的起点。

我们将在本节中探讨四种基本心态。你在日常生活中，最常处于以下哪种心态中呢？

心流*　　　　恐惧　　　　乏味　　　　放松

* 心流，心理学中是指人们专注做某事时所表现出的心理状态。

"扰乱你大脑"的游戏

试图用一种与我们的言行不同的情绪来行事？我们不能！

- 试着用很尖的声音说话并用一只腿站立保持平衡，同时表现出生气的状态。
- 试着看一些搞笑的东西但忍住别笑。

结果可能会让你大吃一惊。我们不能把我们的情绪和其他情绪对应的行为混合表达。我们一次只能处于一种情绪状态中。那么，为什么不根据情景选择恰当的心态呢？

金发姑娘(《三只熊》的主人公)很喜欢熊宝宝的粥,不太热也不太凉。我们可以用类似的方式来思考我们学习时的情绪。任务需要恰到好处,不算太难也不是很容易。

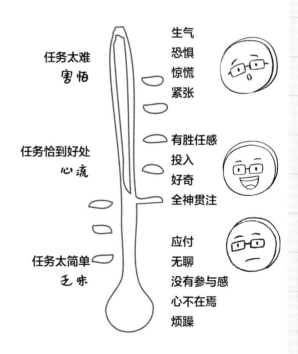

任务太难
害怕

生气
恐惧
惊慌
紧张

任务恰到好处
心流

有胜任感
投入
好奇
全神贯注

任务太简单
乏味

应付
无聊
没有参与感
心不在焉
烦躁

心流是当我们全力以赴时，忘记时间、全情投入的一种状态。

当挑战略高于我们当前的技能水平时，我们就会积极应对挑战。这是我们的情绪处于心流状态和真正学习时的表现。

"心流"最初由米哈里·契克森米哈赖提出，指当我们完全沉浸、参与并享受活动过程时充满活力的专注状态。

我们建议将此状态作为面试、评估和考试时的理想状态。

走进超会学习的大脑

当我们处于心流状态、充满好奇心时，身体会释放有益的激素。多巴胺使我们的精神保持警觉，而内啡肽和血清素使我们感到积极和快乐。学会放松能够增加体内的苯乙胺（吃巧克力后身体也会释放）和催产素（我们抚摸宠物或他人时也会释放）*，这两者都能让我们的身体争取到修复的时间。

当我们处于愤怒和紧张时，我们的身体充满了类固醇，在短期内，这种激素会使我们处于警觉、精神振奋、跃跃欲试和高度戒备的状态。虽然这在处于战斗、逃跑或惊恐状态时，是有效地早期应对方式，但若长此以往，则需付出相应的代价。如果世界短跑名将尤塞恩·博尔特试图以他跑100米的速度去跑5000米，他的身体会受到严重伤害。同样，世界长跑名将莫·法拉赫如果用长跑的速度参加短跑比赛肯定很难获奖。

所以，顺其自然吧！

* 这里是指抚摸关系亲近的人，如果是抚摸陌生人可能会产生不同的效果。

好奇是心流的第一阶段

如果让八岁左右的学生参与一项艰难的挑战，他们几乎都愿意在同龄人面前试一试：他们高高举起手臂，迫切地希望自己被选中："我！我！我！我！我！我！"

而如果是在一群成年人中，反应则截然相反——他们目光盯着地板，焦虑地坐立不安。

做好犯错的准备！

英国维珍集团创始人理查德·布兰森说："我从失败中学到的比从成功中学到的更多。"

学习是在我们改变对某事的看法时发生的。我们有了新的理解。这是我们大脑产生新连接的时刻。这超酷的。这让我们有了深刻的生命体验。困惑是必要的。让我们拥抱这种感受，因为它将帮我们开启新的思考。这就是为什么学习需要有点难度！如果太容易了，你就不是真正在学习。

脑力升级秘笈 3：困惑是有益的

困惑是有益的。当你被困惑卡住时，写下你被卡住的地方。然后感谢你自己，因为这是学习的第一步。去寻找让自己顺利通过的方法。享受寻找的过程。当你找到时，也写下来。这样做让你充满了生命力（这通常被认为比其他状态更好）！

每个人都会犯错，这就是铅笔上装橡皮的原因。

——《辛普森一家》

学习的阶段

在真正掌握做某事的窍门之前，我们都会经历不同的学习阶段。遗憾的是，这个过程没有任何捷径可走。

- 阶段1："我做不到，但我不知道我做不到！"——当然不知道，因为你还没试过呢！

- 阶段2："我都做错了！"——当然你做的还不是完全正确！继续前进！

- 阶段3："坚持住，我想我能做到！"——是的，你需要全神贯注，但只要你坚持了，你就可以！

- 阶段4："哦！我都不需要想，就做出来了！"——是的！因为你已经掌握得很好了，习惯成自然。做得好！你真的学会了！

脑力升级秘笈 4：反思你的学习过程

完成以下句子：

当_____的时候，学习对我来说是非常享受的过程。

作为学习者，我擅长的事情包括_____

_____

我最喜欢的问题是_____

_____

当_____的时候，我学习效率很低。

作为学习者，我想要改变自己（的）_____

我最近新学到了_____

_____

草蜢：师父，我困惑。

白大师：那是智慧的开端。

——美国电视剧《功夫（Kung Fu）》

害怕
消极心境
威胁
批评
惩罚
疾病
测验

恐惧

抨击
压力考试
把头埋进沙子里
感觉陷入困境
受惊
气愤

什么让你焦虑?　　　　什么能让你平静下来?

三只杯子

压力很奇怪。有时我们可以应付它,有时却不能。这也取决于你正在同时处理多少事情。

想象你是左侧的杯子。

杯子里有一些水,但仍然有很多容量。假如这就是你的现状,你能应对更多堆到你身上的事情——比如压力。你有能力承接它。

假如你是中间的杯子,你正在应付更多的事情。已经有额外的压力存在了,而你的生活中还有更多的事需要处理。这不太容易。你不太能像第一个人那样应对自如。

但如果你像右侧的杯子呢?你已经超载了。你没有更多容量给额外的压力了。你正在尽你所能承担现有的。复习?你只是努力熬过每一天。

现在想一想……你是哪只杯子呢?

你能应付多大的压力?你需要知道——如果容量所剩无几,你需要让其他人知道你的处境。谁能帮助你?你可以和谁说说?

你目前如何应对压力?如果它有效,继续做。如果无效,可能是时候尝试其他方法了。

是你在控制压力还是压力在控制你？

- 当你感到烦躁时，你是否知道如何快速平静下来，并安抚自己？

- 你能轻易地熄灭怒火吗？

- 放学后，你走进家门时感觉好吗？

- 你经常分心或喜怒无常吗？

- 你能发现其他人背负压力的时刻吗？

- 你可以轻易得到朋友或家人的帮助，让自己平静下来吗？

- 当你的能量很低时，你知道如何调整它吗？

当你感到有点不知所措时，这里有一个简单的助记词"STAR"可以帮助你：

S：Stop，停下——停下你正在做的事情。

T：Think，思考——思考你的下一步。

A：Action，行动——将想法付诸行动。

R：Reflect，反思——反思这种做法是否恰当。

当事情更加艰难时

　　三分之一的人在他们的生活中会遇到某种心理健康问题——抑郁、焦虑、进食障碍、自我伤害、惊恐。重要的是不要自己默默受苦。找人聊聊。

　　考试期间压力可能会暴增。有时会把我们压垮。确保你在合适的时间寻求合适的帮助。

脑力升级秘笈 5：压力消除术

压力消除术1

我们担心的很多事情都可以通过行动消除。

引入"如果……那么……"计划，以更有效地采取行动。

句型是：如果发生X，那么我会做Y。

这个计划对于养成良好的行为习惯特别有用。

这里有些例子：

如果我在下午6点之前还没有开始做作业，那么在晚饭后我会把它安排成第一件要做的事。

如果我在学习时因为跟社交平台上的朋友聊天而总是分心，那么我会遵守"聊天5分钟，学习15分钟"的方法。

压力消除术2

轻轻地重复将一只软球从一只手递到另一只手的动作，让自己平静下来。这么做不可能冷静不下来，因为这个动作会让我们的注意力不断被定向、平衡和聚焦。这是考试或测验前可以使用的好方法。

平淡的　应付的　太简单

不相关的　乏味　任务不吸引人/无趣

无聊的　坐立不安

警告

无聊会严重损伤我们的学习能力！

无聊时能意识到自己处于无聊中是很有用的——这是迈向内心丰盈的第一步。

如果你觉得自己处于无聊的状态中，请问自己这三个问题：

1.我是否专注于眼前的任务（还是因其他想法而分心）？

解决方案：一次只完全专注于一件事。如果你在处理此项任务之前发现需要整理某些东西，那要么先整理，要么向自己承诺，在完成任务之后会做。

2.任务无聊吗？

如果是这样，赋予你这项任务以意义。提醒自己从更宏大的视角来看待它。这个任务的目的是什么？它如何帮助你实现目标？

3.我累了吗？

有时无聊不是由乏味的任务引起的。你可能只是累了。如果是这样，问问自己：为什么？是昨晚没睡好还是压力造成的？

还有一些截然不同的方法可以为某一话题带来活力。

当你在课堂上对某个话题感到无聊时，为什么不尝试一下这个受教育家约翰·戴维特（John Davitt）启发而得到的方法呢？

闭上眼睛，将手指随意放在右页的某个位置上。然后用其中建议的方法来把玩这个话题。

当成一段舞蹈

当成一块
故事板

缩减为七个字

当成一则广播
或新闻报道

好像它是一种汽车

当成一种动物

仿佛这是一个
数学公式

当成一段集会演讲

仅使用三个
关键数字

当成一首
摇滚歌曲

当成一个
专辑封面

当成一本
连环漫画

概括为三个词

当成一个60秒的游戏

当成
一首诗

当成一条短信

当成一则天气预报

当成一出木偶戏

当成一则
体育报道

当成一首男团歌曲

好像它是某类鞋子

当成一篇
140个字的推文

无聊治愈了?
哒啦啦!

35

超会学习的大脑解密

如上所述，用新颖的方式描述学习原理，大脑就会分配更多的注意力。如果它们与之前信息相矛盾，大脑必须处理这些想法并挑战它们。思考这些内容有助于我们提取和记住要点。

请记住：如果你认为某种方法是废话或垃圾，但其他人确实在学习它，那么加入他们可能会比待在原地更好！

如何成为学渣？

避开恰当的学习心态。不要调整到放松、好奇和心流的状态，而是保持愤怒、紧张和无聊。为你的进展不顺利而去责怪别人是确保失败的一种非常有效的方法。责怪父母、老师、同龄人或兄弟姐妹。或者责怪你所处的环境。如果你遇到困难，请以此为契机放弃学习，接受自己一无是处，再也不要尝试。

别去学习如何会学得最好。如果你没有发现如何有效地使用你的大脑，你就无法充分发挥你的潜力。千万注意不要将你的学习与未来的收获联系起来，因为你可能会一不小心激励到自己。

忘记你学到的所有东西。实现这一目标的最佳方法是不做家庭作业、不重读笔记或不进行任何复习，并且不要与他人谈论你的进步。

一些放松的方法

放松是另一种值得拥有的心理状态。它能平衡我们迄今为止说到的三种情绪。

我们都需要放松。我们经常选择看电视或回到卧室看手机、电脑，但这些对我们来说不是真正的放松。真正的放松包括集中注意力并关注到我们的身心状态。

这里有一些简单有效的放松技巧，可以很容易在我们的日常生活中使用。

鱼嘴运动

试着把你的嘴巴摆成一个大"O"形，然后用嘴唇包住牙齿。在保持这个姿势的同时，交替发出英文字母"eeee"和"oooo"。如果做得对的话，你一定能给鱼儿留下非常好的印象。这有点好玩，而且能让我们从正在做和思考的事情上转移注意力。我们的面部肌肉常常会很紧张，这个动作可以让我们的面部放松下来。

主动放松（每次30秒）

- 试着四处走动——长时间坐在椅子上是非常不自然的状态。

- 停止复习，四处走走，顺其自然地给自己打打气。

- 站起来，用一条腿保持平衡，然后换另一条。

- 躺下。

- 躺着跳舞。

- 用一只手画8字，另一只手画圆圈（两者很难同时做到）。

- 蜷缩成一个球。

- 做20个开合跳。

你是不是已经学会了？每天让自己有15分钟放松，你会感受到其中的好处。

随心的善举

另一种消除压力的方法是帮助他人。研究人员发现，随心的善举会让你感觉更好，同时也可以帮助到别人。

对了，每个人平均每天会做 55 次的事情是什么？

你现在应该会感到好奇，而你的大脑正在搜寻答案，神经元在朝着各种方向传递信号，以便寻找和评估潜在的答案。

不，答案不是打嗝、放屁 * 或微笑！

你能列出三个可能的答案吗？

1.

2.

3.

如果你必须列出 20 个可能的答案，你可能会从感兴趣变成无聊，因为这项任务已经变成了一件苦差事。

这个练习展示了我们的大脑喜欢如何工作。它喜欢解决有趣的问题。它喜欢比较、对比信息和想法。将这些应用到你的学习中，你会学得更好，因为你会保持好奇心。如果没有得到答案，我们的好奇心可能会持续很长时间。然而如果我们被取笑，好奇可能会被恼怒和沮丧取代。

当我们好奇时，我们学得最好。一旦我们有了答案，大脑通常会停止思考这个主题并转向其他事情。为了使话题保持新鲜和有趣，务必多留一些疑问。当我们为自己找到答案时，我们也就学到了知识。因此，如果你特别想知道我们每天做什么会做55次，你需要自己找出答案。

---

* 据说一般每人每天平均放屁 17 次。

可以改善心情的音乐

大多数人都有一种默认的情绪常态。

花一点时间想一想你的老师和朋友们，想想他们的情绪常态和散发出的感觉。

有些人通常是快乐和积极的，而另一些人则总是悲观和消极的。

你的情绪常态是什么？你的朋友会说你的心情基调是什么？

推荐曲目

音乐是我们用来调整心情时可用的最快和最愉快的方式之一。

音乐影响了我们的大脑、身体和精神，因此我们可以用它来帮助自己获得恰当的心态。以下是一些我们精选出来的用于调整我们心情的音乐。

开始放松	停止无聊
1.《勃兰登堡协奏曲》（*Brandenburg Concertos*） 　–巴赫（Johann Sebastian Bach） 2.《四季》（*Le quattro stagioni*） 　–维瓦尔第（Antonio Vivaldi） 3.《游戏》专辑（*Play*） 　–莫比（Moby） 4.《返璞归真》（*Return to Innocence*） 　–英格玛工作室（Enigma） 5.《让你的爱流动》（*Let Your Love Flow*） 　–贝拉米兄弟（bellamy Brothers） 6.《你意识到了吗?》（*Do you Realize?*） 　–烈焰红唇乐队（The Flaming Lips）	超级英雄和动作片的快节奏配乐、主题曲、能蹦迪的任何音乐。 1.《我感到爱》（*I Feel Love*） 　–唐娜·萨默（Donna Summer） 2.《迅猛龙!》（*Velociraptor*） 　–卡萨比安乐队（Kasabian）
● 一般来说，每分钟 60 拍的音乐可以帮助我们放松。	● 一般来说，每分钟 100 拍以上的音乐会让我们能量爆棚。
建立好奇	**进入心流**
1.《26 号和27号钢琴协奏曲》（*Piano Concertos No.26 and NO.27*） 　–莫扎特（Wolfgang Amadeus Mozart） 2.《天鹅湖》（*swan lake*） 　–柴可夫斯基（Peter Ilyich Tchaikovsky） 3.《鲁滨逊漂流记》（*robinson Crusoe Suite*） 　–电视剧主题曲	任何一部受欢迎的动画片的主题曲。 1.《小猪佩奇》（*Peppa Pig*） 2.《邮差叔叔》（*Postman pat*） 3.《海上男孩》（19世纪60 年代，*Black and Gold*）
● 一般来说，每分钟 80 拍左右的音乐会帮助我们专注于手头的任务。	● 一般来说，每分钟80拍左右的音乐会唤醒我们关于美好时光和地点的回忆，并有助于我们完全沉浸在手头的任务中。

在下面空白图表的每栏中分别填写三首能改变你情绪的歌曲——我们推荐的音乐与你的选择不一样，这是很正常的！

用于放松	停止无聊
建立好奇	进入心流

提示：你可以重启你的心情——只需尝试将其关闭然后再打开！对于计算机死机而言，这个方法大多时间都有效，对我们也一样。如果你没处在恰当的心态下，那就改变它吧！

音乐小测验

以下哪些陈述是正确的？ *

- 驾驶白色面包车的人如果边开车边听皇后乐队（Queen）的《现在别阻止我》（*Don't Stop Me Now*），他可能会开得更快。
- 音乐可以帮助身体在创伤性事件后更快地恢复。
- 《江南Style》被评为2012年最不受欢迎的歌曲。

超会学习的大脑解密

英文中有一个词叫耳朵虫（Earworms），是指被歌曲洗脑之后在脑海中无法停止地反复回放这首歌曲，类似的歌曲有《谁让狗出去？》（*Who Let the Dogs Out?*）和迪士尼的《这是一个小小世界》（*It's a Small World*）。它们巧妙地影响着我们的大脑，然后无限地在大脑中循环播放。

人类存在的时间比书面语言要长得多。而音乐也同样是一种存储和检索历史信息的语言系统，这也是人类学家研究的所有人类文明中都有音乐印迹的原因。

我们的大脑能够识别重复的节拍及和弦，并喜欢积极预测接下来会是什么旋律。当我们听音乐时，我们的大脑就像在写词和编曲一样。它喜欢音乐。

我们可以用以下三种方式将这一发现用于提升我们的学习效果：

1. 使用音乐来学习和记忆信息，使其效率更高，效果更好。
2. 使用音乐营造良好的学习状态（并避免无益的情绪）。
3. 在我们的学习过程中保持主动性而不是被动接受。

* 它们都是正确的。

你睡得够吗？

ZZZZZZZZZZZZZzz

睡眠。我们都需要睡眠。在中学这个阶段，每晚我们需要大约八九个小时的睡眠。

这周你有多长时间的睡眠？在下面横线处写下你每天睡觉和起床的时间。

星期天晚上 _____ p.m.　星期一早上 _____ a.m.

星期一晚上 _____ p.m.　星期二早上 _____ a.m.

星期二晚上 _____ p.m.　星期三早上 _____ a.m.

星期三晚上 _____ p.m.　星期四早上 _____ a.m.

星期四晚上 _____ p.m.　星期五早上 _____ a.m.

星期五晚上 _____ p.m.　星期六早上 _____ a.m.

星期六晚上 _____ p.m.　星期天早上 _____ a.m.

如果不记得了，试着记录接下来一周的睡眠状况。那么，你睡够了吗？如果没有，你需要做什么？也许，可以早点睡？在这里写下一些可以实现的解决方法：

入睡困难？ 试试这十个技巧

1. 拒绝咖啡因。在当天晚些时候停止喝茶、咖啡、可乐、能量饮料和吃巧克力。

2. 不要太晚吃东西。睡前吃零食，尤其是含糖的东西，会影响你的睡眠质量。

3. 减压。写下你需要做或需要记住的事情。这将帮助你整理思绪，然后你就可以对自己说"明天……"。

4. 拔掉插头。睡前玩游戏对睡眠来说是很糟糕的一件事。它会刺激并激活你的大脑，让你熬到深夜。电视也会激活你的大脑。晚上9点后关掉它！手机也是如此——屏幕的亮光会唤醒大脑并降低身体产生睡眠激素——褪黑素的能力。睡觉前至少提前一小时停止使用所有的电子设备。

5. 呼吸。静卧。做一些深呼吸。这能让大脑平静下来。

6. 调暗光线。你的房间是不是太亮了？如果是，请戴上眼罩或换上更厚的窗帘。越黑，你就会有越深层的睡眠。

7. 嘘。请大家安静！并且把你的手机也关掉！你没必要一直查看社交媒体、微信等。

"我的朋友可能给我发了一条消息！"那又怎样？——睡醒再回复。

"网上可能发生了一些事情。"——如果发生了，你很快就能知道的。

"我需要看看有没有什么新消息！"——呃……不，你不需要。

即使你早点睡觉，也不会错过任何事。

8. 如果睡不着，就起来做点什么，不要只是躺在那里担心。

9. 倾听你的身体。感觉困了？可能是！那就去睡觉！

10. 坚持规律睡眠。第一天凌晨3点睡，而第二天晚上10点睡……某一天早上6点起床，而第二天早上11点起床？你的身体可不会喜欢这样！请养成良好的睡眠规律。

晚安！晚安！Zzzzzzzzzzzz。

你有错失恐惧症吗? *

很多人都有错失恐惧症! 这就是他们粘着手机的原因。

错失恐惧症让我们不断地通过社交媒体与他人联系。然后上瘾了。而这带来的问题是, 我们无法专注于真正重要的事情。我们不能完成我们的工作。

成年的标志之一就是做我们需要做的事情, 并放下那些不那么重要的事情。

人分为三种:

1. 促使事情发生的人。
2. 观察事情发生的人。
3. 询问"呃……发生了什么?"的人。

总结

请勾选你同意的内容:

☐ 为了做得更好, 我们需要相信恰当的做法。

☐ 我们拥有学习和成长的能力, 只需要相信"我们可以学会, 以及我们可以变得更好"。

☐ 我们的心情对我们学习时的能力有很大影响。如果我们处于积极的情绪中, 学习会顺利完成。但是, 如果心情很糟, 我们会发现学习非常、非常困难。

☐ 学习是一段旅程——包含了不同的阶段。我们不是总能快速学会很多知识。

☐ 如果我们觉得一切都太沉重了, 我们需要找人聊聊。

☐ 睡眠很重要。

---

* 错失恐惧症, 即Fear Of Missing Out, 在英文中简写为FOMO, 即害怕错过而必须要做点什么。

大脑使用指南

有关大脑的基础知识

男性的大脑更大?

❏ 正确　　❏ 错误

正确。平均而言，男性的大脑容量比女性大。但这并不意味着男人能做得更好、更聪明或更能干（抱歉，小伙子们！）。

大脑有两个半球?

❏ 正确　　❏ 错误

正确。大脑有两个半球。早期的研究认为某个半球主要与我们拥有的创造力有关，而另一个半球与逻辑力有关，但这一结论现在受到了挑战。但有一点是明确的：不断地用我们的创造性思维和逻辑性思维来解决问题是激发大脑潜力更好的方法。

我们只使用了 20% 的大脑容量?

❏ 正确　　❏ 错误

错误。我们使用了我们所有的大脑容量，只是我们在不同的时间使用不同的部分来处理不同的事情。

大脑在 7 岁时就"完成发育"了？

☐ 正确　　☐ 错误

错误。大脑大约需要 25 年才能完成发育。在那之前，它一直处在发育中。最后完成发育的部分是你的前额叶皮层。它可以帮助你做出正确的决定。通常，在我们能做好某事之前，我们会做出各种错误的决定。人在青少年阶段，需要做些冒险并愚蠢的事情。这就是为什么青少年尝尝会追求速度、要有辆自行车、即使第二天上学也会玩游戏玩到凌晨4点、尝试抽烟、开始打架、发脾气、迷茫、装傻、隐瞒自己的行踪、拒绝真正的帮助。随着年龄的增长（理论上），这些问题会越来越少，生活会变得更好（遗憾的是，有些人并不会）。

大脑就像一个拥有庞大点对点功能的网络？

☐ 正确　　☐ 错误

不是完全对的，大脑的作用就是将头脑中的信息建立联系。大脑中有数十亿个神经元。这些神经元通过突触连接到其他神经元。当我们学习新事物时，大脑中的化学物质会促使相关的突触被激活并连接在一起。突触之间有轴突，这些轴突连接神经元。当我们复习时，轴突上的白质（称为髓磷脂）会被生成，并因此使连接更加牢固。神经元之间的联系越强，我们就可以把事情做得更好或对事物的理解更透彻。

就像在玉米地里穿行一样。你第一次通行时，会留下穿行的痕迹。如果你不再次穿行，玉米会再长回来，恢复如初。如果你再次从这里穿行，那植物就没有一开始长得那么好了。再穿行一次，通道会变得更加平坦。再穿行一次，你也许能够看到你的穿行路线。穿行的次数足够多，一条小路就出现了。记忆也是以同样的方式工作的。

大脑会分泌化学物质?

☐ 正确　　☐ 错误

正确。是什么把突触激活并连接在一起？——多巴胺！多巴胺是大脑中使这一切发挥作用的化学物质。

多巴胺是我朋友沉迷于游戏《使命召唤》* 的原因吗?

☐ 正确　　☐ 错误

正确。当你在玩游戏时，你会生成大量的多巴胺，因为它是大脑在接收到奖励和期待信息时产生的神经递质。换句话说，如果你正处于快乐中，你就会分泌多巴胺。这也是为什么电脑游戏会让人上瘾的原因。

每周玩半天电子游戏可能真的会从结构上改变大脑，这听起来确实很合理。

——剑桥大学神经科学家
卢克·克拉克博士（Dr Luke Clark）

* 游戏名，英文名为*Call of Duty*，也简称COD。

但大脑分泌多巴胺并不全是坏事——事实上，它可以成为你最好的朋友。原因如下——你在下列情况下也会分泌多巴胺：

RING！（学习环）*

相关性（Relevance）——如果你理解了某件事的意义，并从中有所收获，你就会分泌多巴胺。是的，这发生在玩游戏时，但也可能发生在完成学校作业时。如果你不断告诉自己，所学的东西将帮助你取得好成绩、实现目标并取得更大的成功，那么你会更愿意去学习。你可以从学习中得到的东西是如何与你正在学习的事物相联系的呢？——你得到的越多，你就越喜欢它；你越喜欢它，你就学得越多。

有趣（Interesting）——新的或不同的！我们都记得我们第一次做某事的感觉。当你大约 28 岁时给出了你的初吻！你会永远记得它。如果你觉得某个事有趣，你就会学习它。如果它无趣——那就让它变得有趣吧。

淘气（Naughty）——因为当我们打破规则时，它会变得更有趣！你知道吗，法语的海豹是"phoque"！是的，就像看到水中有一只海豹一样吧。* 它很淘气——你会记得这词！

咯咯笑（Giggle）——笑声和学习之间有着巨大的联系。这就是为什么你不应该一个人闷头学的原因。

---

* 致谢："RING"的提出者罗伊·雷顿（Roy Leighton）。
* 在英国人看来，海豹是很淘气的动物，总是从水里往水面上探头。这是作者在跟我们讲的冷笑话。——译者注

两个重要原则

1. 随着年龄的增长，我们不使用的突触会逐渐消失。

所以，如果你小时候学过某种乐器，但在十一二岁时就放弃了，你会发现在成年后重新捡起来真的不太容易（尽管并非不可能），这是因为你的大脑已经剪掉了这些突触。你知道吗，7岁儿童的突触比成人多40%。那是因为7岁的孩子潜力无穷！他们还没有开始说"我不能"。如果你不使用它，你就会失去它。

2. 大脑能够建立数十亿个连接。

你无法想活多久活多久，但从理论上讲，你的大脑有如此多的神经元，以至于它能够建立起比宇宙中的原子数量更多的连接！什么？是的，你拥有难以置信的潜力——你的大脑还在发育中！所以，当你学习时，你的大脑就会建立连接。如果你复习，连接会变得更坚固，你会更好地记住它。如果你以各种不同的方式学习，你会建立更多的连接，从而帮助你记住更多。

举个例子

当你在课堂上学到一些东西时，你创建了一些连接。

如果你在家中再看一遍这些内容，这些连接会被巩固（髓磷脂变得更厚）。

如果你随后阅读更多相关的信息，将建立起更多连接并强化现有的连接。

然后你看了电视上一个关于这个主题的节目。哇！产生了更多的连接。

再然后，你在网上查了有关这个主题的信息。你找到一些图片并将你学到的东西发到网上学习小组中，这里有一些正在学习同一主题的朋友们。

之后你拿出一张纸，将你现在知道的关于这个主题的一切画成了思维导图。

第二天，你和你的同学谈论你所学到的一切，并回答他们提出的问题。

第二天晚上，你再次查看你的思维导图并尝试凭着记忆再画一遍。你并不是能记得全部内容，但画出来了大部分。你把原始的思维导图放在它旁边。你会看到你忘了什么。

几天后，你再次做同样的事情。这一次你记住得更多了。

一周后，你再做一次。

两周后你参加了测验。你得了最高分。

当你为期末考试复习时，您会惊讶于自己怎么记得那么多。

考试季来临时，其他人都得花大量的精力复习。但是你不需要做那么多，因为你已经掌握了这些知识。你正在成为"专家"。

嗯，这就是最好的复习方法。

关键点

- ○ 你可以通过体验和学习来帮助你的大脑"成长"。
- ○ 你的大脑还没发育结束呢。
- ○ 多巴胺是你的朋友。敲响它（RING）——相关性、有趣、淘气和咯咯笑！
- ○ 如果你一直坚持使用恰当的方法、训练自己的能力、学习新事物并持续追求更好的自己，那么你在成年后会变得更有智慧。
- ○ 你做得越少，你能做的就越少。

只有在情感与体验联系起来时，你才会学习。

换句话说，如果你的心不投入，你的大脑就不会学习。

如果你想学习，就让这段经历成为值得纪念、情感充沛或令人难忘的经历。

第2章

恰当的技巧——找到学习目标

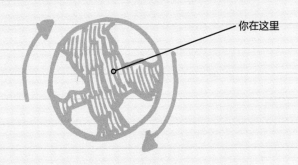

你在这里

关于你的生活，你需要问自己三个问题：

1. 我认为我是谁？

2. 别人认为我是谁？

3. 我到底是谁？

学习不仅仅是校园生活的重要组成部分，

它也是生活中必不可少的一部分。

学习让人更具适应性，足智多谋，勇于拥抱变化。保持开放

性和善于学习是我们每个人都需要的技能。

我们从哪儿获得学习内容？

网络——看不同的网站，看看他们是在说相同的内容还是持不同的观点。尽你所能地阅读，并找出你认为正确的内容。

- 视频网站：这里不是只有猫摔跟头的视频。

- 每日新闻：这里一定有一些内容是和你正在研究的课题相关的。

- 各类杂志：读一读《经济学人》《时代周刊》《国家地理》《侦探》以及你研究课题的相关出版物。丰富知识对我们而言是有益的！

- 图书馆：这里有书——不是电子书，是真正的书！不确定什么是真正的书？问问你的长辈。

你的工作将占据你生活的很大一部分，而能让你真正得到满足感的唯一途径就是做你认为伟大的工作。做伟大工作的唯一途径就是热爱你所做的事情。如果你还没有找到它，请继续寻找，不要停。用心去做，你就会找到它，就像所有一开始就注定伟大的关系一样，随着岁月的流逝，它会变得越来越好。所以继续寻找直到你找到它，不要停。

——苹果公司创始人
史蒂夫·乔布斯（Steve Jobs）

- 电视节目表，看一看你不常看的频道，有没有和你正在学习的内容相关的内容。去看看。

- 问能提供宝贵建议的人！在古希腊，神谕来自伟大的智慧。在今天，你的老师就是"神谕"。问问他们的建议是什么。

- 需要参加外语考试？试一试看电影学习。

- 你上次参观博物馆是什么时候？你会很惊讶你在这里可以学到这么多东西。

成功和幸福来自我们充分利用自己的天赋和能力。成为最好的我们。不要试图成为不属于我们的样子。将自己与他人进行比较是有破坏性的。生活是我们的主要艺术作品。

心理学家加里·雷克（Gary Reker）探索了快乐的人具有的主要特征。看看你拥有多少？

☐ **行动（Action）**：我作为团体、俱乐部或社团的一员参加社会活动。

☐ **意义（Meaning）**：做我喜欢做的事，享受我所做的事，较少关注身份和钱。

☐ **组织（Organisation）**：我会计划和安排我的时间和目标。

☐ **少担心（Worry less）**：我意识到大多数担心的事情永远不会成真，我会关注我可以做什么来改善现状，而不是被事件所左右情绪。

☐ **真实性（Authenticity）**：我对自己感到满意。我不担心别人怎么看我。我喜欢自己。

☐ **积极性（Positivity）**：我选择乐观地思考。我专注于现在，不后悔过去，也不惧怕未来。

> 我们每个人生来都是与众不同的——
> 可为什么我们中的许多人在老去的时候却如此相似？
>
> ——英国诗人爱德华·杨
> （Edward Young）

超会学习的大脑解密：

雪崩！

小改变带来大不同。英国的社会组织"38度角"的名字源于38度是最容易造成雪崩的临界角度。倾斜低一度，就不会发生雪崩。但是一度之差，情况将会变得完全不同。

哪怕只采纳本书中的一个想法也能给你极大的帮助，尽管你可能需要多尝试几个才能找到真正适合你的那一个。

能让我有一些小改变的想法：

动机：寻找内部动力

你总是有动力做到最好吗？　　是☐　否☐　可能☐
最好的动力来自内部。

研究表明，当我们受到外部激励时，尤其是受到威胁或惩罚时，结果会更糟。即使是来自父母的奖励也不是最好的激励。"胡萝卜"和"大棒"不是最好的激励和惩罚工具。有时我们需要从内部寻找动力。

我们询问过许多青少年是如何在学校激励自己的。我们注意到他们的回答中有一些有趣的模式。

假设你是变形虫，生活在水中，从水中吸收你需要的一切。无须高档餐厅、昂贵的美容产品、闪亮的抽水马桶或名牌的服饰。

从本质上讲，你只有两个动作：要么靠近你喜欢的东西，比如食物。要么远离你不喜欢的东西，比如有毒的化学物质、饥饿，以及更大的生物。

作为人类，我们要么靠近我们喜欢的事物，要么远离我们不喜欢的事物。

这些选择的过程主要发生在我们的大脑里，速度之快以至于我们根本就没有意识到我们正在这样做。

在学校表现出色且积极的学生，他们的头脑中往往会有一段"远离消极感受"的剧情和两段"趋近积极感受"的剧情，就像是剪辑出来的网络视频短片一样，来回播放。

这些短片包括图片（短片背景）、文字（通常是自言自语）和感受（"趋近"短片中的积极感受和"远离"短片中的消极感受）。

远离：

在家里我会很无聊，感觉很糟糕。

我在父母、老师、其他监护人那里遭遇麻烦，感觉很糟糕。

我真的会在考试中表现得很差，感觉很糟糕。

趋近：

我将学习一门我真正喜欢的学科，感觉很好。

我会见到我的朋友，感觉很好。

我会在考试中取得好成绩，在某一种课程、职业、生活中走上正轨，感觉很好。

那么，当提到学校时，你会想到什么？当你早上醒来并考虑接下来的一天时，你会在脑海中播放哪些短片？

不管是什么，这些短片就是你目前去学校的动力。动力是否足够强大？它是否具有"远离"和"趋近"的特点？

如果它只具有"远离"的特点，你可能不会喜欢上学。在那里时，你只会感到难过。

如果你有播放一些"趋近"的短片，你在学校就会感觉很好。最有动力的学生往往会播放社会交往、与朋友见面的剧情，因此他们在课前和课间会感到快乐；他们也会播放在学校努力学习，从而收获了满意成绩的剧情。这是有效的，因为这意味着享受学校生活，和持续的获得感。

谁想成为人生的百万富翁？

使用热门电视节目中的三个求助方式来回答这个问题：你认为自己应该如何过这一生？

三个求助方式是：

1. 给朋友打电话——让他们知道你要做什么。听听他们的建议。像电视节目里一样，给他们30秒的时间回答这个问题。

2. 询问"观众"——询问你在一天中遇到的每个人，或者询问你所属的团体成员，例如你的球队、国际象棋俱乐部或尊巴舞班的同伴和老师。你也可以通过在社交媒体上的朋友群或在线留言方式来完成这件事。

3. 50：50——从以上"给朋友打电话"和"询问'观众'"的方式中筛选出你的前两个选择，然后掷硬币来决定——正面是选项 1，反面是选项 2。当它落地时，如果你最初的反应是喜悦，那么你的直觉在告诉你这是正确的选择。但如果它落地时你的第一反应是失望，那么你的直觉在告诉你这是错误的选择。如果你没有强烈反应，那么这两种选择可能都不适合你。

你有没有想过未来的自己会是什么样子？我们大多数人都没想过。

会不会像电影《重返17岁》那样，年轻的马修·派瑞实际上看起来像扎克·埃夫隆？

当你 25岁、35岁、75 岁时，你会是什么样子？

人们常说，如果你想看看20年或30年后你的样子，那就看看你的父母。这个想法可能会吓到你，或者让你感到骄傲和无限的喜悦！当我们与四十多岁的成年人一起工作时，我们经常会问："如果你能回到过去，你会给17岁的自己什么建议？"

由于你无法让你的人生快进20年，然后再带着你在此期间收集的建议和智慧回到现在，所以我们能提供的最好办法就是请老人分享他们的经验。临终关怀护士布罗妮·瓦尔说，人们在临终时倾向于提供两条建议。在读到它们之前，你认为这两条建议会是什么？

1. **我希望我有勇气过真正属于自己的生活，而不是别人期望我过的生活。这是最常见的遗憾。** 当人们意识到自己的生命即将结束时，回首往事，很容易看到自己有多少梦想没有实现。大多数人甚至连一半的梦想都没尝试过。想要取悦我们周围的人是可以的，但注意不要以牺牲自己为代价。等到我们失去健康的那一刻起，就为时已晚了。很少有人能在失去健康之前就意识到健康带给了我们多少自由。

2. **我希望能让自己更快乐。** 直到濒临死亡，很多人都没有意识到幸福是一种选择。他们仍然停留在旧的模式和习惯中。熟悉的"舒适感"扼杀了他们的情感和生活。对变化的恐惧让他们假装对自己和他人感到满意——而在内心深处，他们渴望自由自在地笑，过得没心没肺。当你临终时，别人对你的看法与你自己的想法相去甚远。能够放手并再次微笑是多么美妙，别等到临死再做。人生是一场选择。这是你的生活。有意识地选择，明智地选择，诚实地选择。

脑力升级秘笈 6：10个值得思考的问题

1. 有什么是你渴望得到的，而一旦拥有就不感兴趣了的（例如衣服、游戏）？

   ....

2. 你通过观察别人学到了什么？

   ....

3. 你曾给别人的最佳建议是什么？他们采纳了吗？

   ....

4. 为什么人们会以貌取人？

   ....

5. 请曾和你一起参加过某个活动的人回忆这段活动经历，将他们的描述与你自己的描述进行比较。看看两者会有什么不同？

   ....

6. 你的白日梦是什么？

   ....

7. 你最大的恐惧是什么？

   ....

8. 哪个时刻你觉得你被欢乐的情绪环绕？

   ....

9. 随着年龄的增长，你有什么变化？

   ....

10. 你愿意为了什么付出生命？（如果有的话）

    ....

欢迎来到你的未来

有两件事造就了我们的未来：我们的过去和我们的现在。

过去

我们过去经历的负面事件不应该决定我们的未来。有的时候需要画出一条分界线并对自己说："够了！我受够了说坏话的人。我受够了对自己有这种想法。从现在开始，情况将有所不同。"

现在你可能在15到21岁之间。从统计学上讲，你可能还有大约 60 年的时间生活在这个世界上。你们中的一些人可能还有70甚至80年的时间，也许更久。

哇！那是很长一段时间。16岁时，以下情况是真实的：

- 你人生的大部分时间都还没有渡过。
- 你还在发展中。
- 你的荷尔蒙对你的身体做了很多奇怪的事情。
- 你还不是成年人。
- 你的父母有时候很烦人。

你不能因为迄今为止发生的那些事情而责备自己。成长的一部分就是犯错和失败。没关系。我们可以经由过去获得学习。

有时事情会出错，被你搞砸了。重要的是你如何处理它。你放弃了吗？你发脾气吗？你是在说"我做不到"还是"我很笨"？

不！你从中汲取教训并继续前进。你能从失败中汲取教训吗？

是的！你能做些不同的事情来获得更好一点的结果吗？有可能。失败不能定义你，但你如何对待失败定义了你。

著名的失败

- 爱因斯坦（Einstein）直到 4 岁才会说话。他的老师认为他永远不会有太多的成就。

- 华特·迪士尼（Walt Disney）曾因缺乏想象力和创意而被一家报社解雇。

- 乔布斯（Steve Jobs）被他自己创办的公司解雇了！

- 披头士乐队（The Bealtes）曾被唱片公司拒绝，因为他们认为乐队的形式在演艺界没有前途。

- 斯蒂芬妮·梅尔（Stephenie Meyer）将她的《暮光之城》长篇小说寄给了15家出版商——14家拒绝了她！

- J.K.罗琳（J. K. Rowling）的《哈利波特》被 12 家出版商拒绝。五年内，她从靠救助为生转变成世界上最富有的女性之一。

- 迈克尔·乔丹（Michael Jordan）曾被学校篮球队淘汰。

- 著名说唱歌手艾米纳姆（Eminem）曾经辍学，与毒品和贫困斗争多年。

- 美国著名摇滚明星猫王，埃维斯·普里斯利（Elvis Presley）在一场演出后被解雇，并被嘲笑他应该找一份开卡车的工作。

- 在二十一世纪福克斯公司买下《星球大战》之前，多家电影公司拒绝了它。买下它的特许经营权已经成为有史以来最成功的收购案例之一。

现在

假设过去没有阻碍我们，那么获得更美好未来的关键就是对此时此地的思考。我们现在做出的决定将对我们的未来产生巨大的影响。

- 我应该和他/她成为好朋友吗？
- 我应该放弃钢琴课吗？
- 如果我知道司机喝酒了，我应该上那辆车吗？
- 我应该复习还是出去玩？
- 我应该去睡觉还是玩游戏？
- 我应该告诉别人我不开心吗？

认真思考我们要做的决定是件好事。

我们能活多久？

这个问题并没有一个绝对的答案。以下是一些可能的回答。

- 英国人的平均期望寿命是80岁，大多数人都能活到七八十岁或者90岁。
- 这取决于你住在哪个国家（是否会发生战争）。
- 这取决于你是男性还是女性。
- 像琴弦一样，寿命有长有短。

- 你能活到你死的那一天。
- 你想活多久活多久。
- 永远。

这取决于你的生活方式。

"活"到你结婚为止（有些人婚后就不是真正的生活了）！

你认为这些生物能活多久？你能将它们的名称和相应的寿命连线吗？*

事实上，我们只活了片刻。眨眨眼，我们就消失了。

我们的生活是由成千上万个时刻组成的。每一刻都可以用来做好事或坏事。每一刻都不会再出现。

在你的人生蓝图中，从现在到考试，只占很短的时间。现在，看起来好像学习太费劲了。玩比复习更有趣，因为你想在每一刻都享受快乐和乐趣。

乌龟	40年
猴面包树	140年
苍蝇	14年
狗	48年
骆驼	10年
大象	2000年
天鹅	58年
细菌	2周
金鱼	永远

---

* 答案：乌龟–140年；猴面包树–2000年，苍蝇–2周，狗–14年，骆驼–40年，大象–58年，天鹅–48年，细菌–永远，金鱼–10年。

但是，如果你真的选择在这些时刻学习，那么未来的那些时刻才可能会过得更容易一些。

如果你觉得学校很无聊，那等到你不得不做你讨厌的工作时，你才会真的很无聊。如果你在这些关键时刻做正确的事，你以后会有更多的选择机会。

你的考试成绩并不是你人生中最重要的事情。但它们也很重要。它们将来会给你更多的选择机会。

现在：做出明智地选择吧。

你必须选择，但要明智地选择。

——《夺宝奇兵3：圣战奇兵》

重新审视你的目标

我们需要一些目标。如果没有目标，我们就会随波逐流。成功的人都有目标。

你希望在离开学校前达到以下哪些目标？请勾选相应的方框：

❏ 成绩好
❏ 掌握一项技能
❏ 实现抱负
❏ 交到很多好朋友

或添加一些你自己的目标：

❏ ....
❏ ....
❏ ....

如果你知道你的目标是什么，你就更有可能到达那里。想象一下在没有任何目标的情况下踢足球，那有什么意义？

你正在为谁的目标而努力?

我们经常会听到年轻人说他们想成为一名医生、律师或工程师。如果它们也是你的目标，那这些都是远大的抱负。

但有时你选择某条职业道路是因为这是其他人对你的期望。

我的父母都是医生，所以我也要是。我所有的兄弟都上过大学，所以我也要上。如果我做得不好，我会让父母失望的。

如果你追求的梦想并不源自你自己，你最终可能会不开心。确保你想达成的目标是出于你自己的心意。

你可以用一生去取悦他人。善良和帮助他人是件好事，但有时你需要为自己的利益做出决定，而不仅仅是为了让他人开心。

这可能需要一定的勇气，但这也是值得的。

你的野心是不是太小了？

有时人们对生活的期望过低。他们因此陷入了困境，或者他们不相信会有好事发生。

在学校不努力学习的人经常会说："这有什么意义？"你是否也会因为看不到意义而放弃？

我们暴露在不间断的信息流中。我们有大众传媒工具，以前所未有的方式发布博客、推文，上传、下载、观看和分享。

但我们是否在睿智地使用我们的沟通能力？

想象一下，如果20世纪20年代的某个人来到现在，他和你聊天，你给他看你的手机，将是一幅什么画面？

哇！多么迷人的盒子！它靠蒸汽运行吗？

不，但它是一个了不起的工具。我可以用它访问世界各地的所有的信息，并且可以了解过去发生的一切。我可以用它探索真相，搜索信息，了解全球正在发生的事情，与世界各地的数百万人交流并听取他们的建议。我可以用这个放在口袋里的小东西做所有这类事情，甚至更务。

我的天呐！这真令人难以置信！我简直不敢相信自己的眼睛！但是你用它做什么呢？你是如何运用这个非凡的智慧之物的？

好吧，大多数时候我只是看看猫摔跟头，还有陌生人打架的视频。

从社交媒体中收集个人信息的程序（大数据分析）做得越来越好了。未来的雇主会倾向于从你的在线个人资料中了解你所有的信息。

朋友圈里满是你在醉酒之夜外出时的照片吗？你的社交媒体账户是否都在晒一些关于你在课堂上有多无聊的言论和推文？

如果有人可以访问你的所有信息（他们会看的），会对你会有什么影响？

在求职时，你的网络形象变得比你的纸质简历更重要。你的网络形象如何？上传前要三思。

请记住：你在网络上发布的任何内容都不是真正私密的。某个地方的某个人将能够找到它并将其公开。

我们有网络足迹——我们撰写的、上传的、发布的、分享的和评论的帖子一切都在那里……

永远

240,000

你认为240,000这个数字代表了什么？

这是每年从英国大学毕业并获得一级优等或荣誉学位的年轻人的数量。这是一个庞大的人群。人生的成功不仅仅是考试的成功，我们需要在我们所做的每一件事（包括考试）上做出最大的努力。培养积极的心态是做到这一点的基础。

你的竞争对手是谁？

充满渴望和有动力的人到处都是。他们努力工作。他们想要最好的工作，没有什么能阻止他们。他们可能是你的同学。

他们可能生活在世界各地。

有些人每晚做4小时的家庭作业。

有些人什么都不做。

谁更有可能做得更好？

有些人在上学的时候就找到了工作。

有些人在学习的同时经营自己的企业。

有些人会在假期安排工作经历，让自己比其他年轻人更有优势。

有些人参加各类课外活动，因为他们知道这将使他们在申请大学和应聘时更具吸引力。

这是一个竞争激烈的世界。

你所做的已经足够了吗？

蒂姆说：

我最近正在与一些高三的学生一起研究面试技巧。班上有两个女孩想在大学学习海洋生物学。我问其中一个女孩在假期里做了什么来提高她申请这个专业的机会。"呃……没什么，"她回答道。

我问了另一个女孩同样的问题。她整个夏天都在义务参与康沃尔的一个海洋项目。

一个申请到了她喜欢的专业，另一个被拒绝了。谁都知道哪个女孩被选中了。

步骤

你最终想做什么？重要的是弄清楚你需要什么技能才能到达你想去的地方。

举两个例子：

导演

↑

副导演

↑

电影片场的第一份工作

↑

行业经验

↑

就读电影学院或大学/拍学生电影

↑

在学院里拿到3A成绩（总体合格及以上）

↑

工作经验/制作自己的电影

↑

8门学科拿到英国普通中等教育证书（良好及以上）

或者

机械工

↑

学徒

↑

学院学习经历/工作经历

↑

5门学科拿到英国普通中等教育证书（合格及以上）

如果你没有得到好成绩，它将怎样影响你的人生规划？

画出你的目标线

在下页左下角有一个小圆圈，代表今天的你。你可以在其中画一个笑脸并写下今天的日期。

右上角的圆圈代表未来的你。再次画一个笑脸并添加一个日期——最好是在未来2~5年的某个日期（研究表明这是最佳的时间段）。

接下来，确定一个对你来说非常重要的目标——例如，某项工作、某个大学或某种生活方式。（提示：这必须是你个人的梦想。不要设置成你无法真正控制的事情，比如赢得

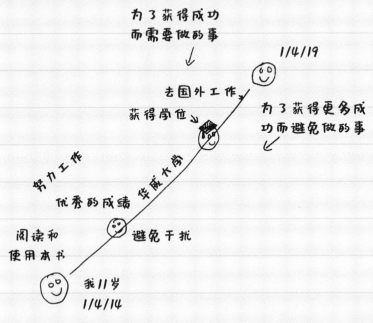

彩票或你的足球队赢得奖杯。）然后写在页面顶部的圆圈内或旁边。

现在，在两个圆圈之间画出一些里程碑节点。这些是你实现右上角这一目标所需完成的事情。在这条线之上，写上那些能让你朝着目标前进的积极主动的资源，在这条线之下，写下为了实现目标你需要避免做的事情（这通常包括拖延）。

撕下这一页把它放在家里显眼的地方。

如果 A 计划失败，请确保始终有一个B计划！

如果你现在努力学习，对你的将来有什么好处？

对你来说，取得最好的成绩有什么意义？进入一个很棒的学校？下一步你的理想工作是什么？

纠正失败需要一个足够震撼的节点。那么，你为什么要纠正呢？你下一步想做什么呢？

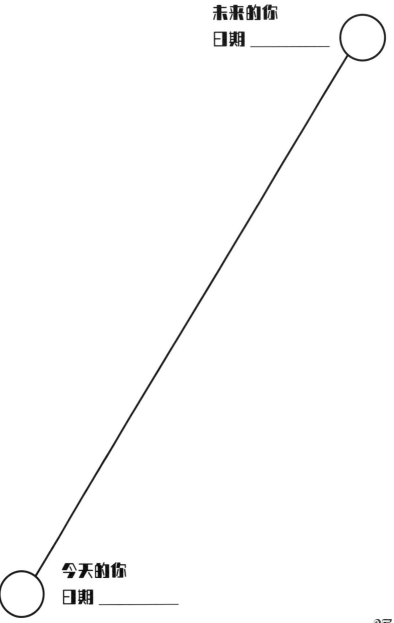

未来的你

日期 _____

今天的你

日期 _____

85

脑力升级秘笈 7：关注你的未来

第一部分

想象一下，你已经完成了所有考试。

几个月后——出成绩那一天，你正站在你家门口，拿着很快就能揭晓成绩的信封。想象一下萦绕在你周围的感觉：紧张、焦虑、兴奋、恐惧——它们都在争夺主权！

你专注于自己的呼吸——更深、更刻意的呼吸。你从背面打开棕色信封，听到撕纸的声音。

你展开里面的信纸，你已经要崩溃了。你最害怕的事情就在你面前。所有的成绩都是你能预料到的最低分。

当你重新仔细再检查一遍，确认成绩真的和你预料的一样糟糕时，你的感觉如何？

现在把这句话补充完整（写下这时你的想法——先不要纠正自己）：

要是我……

....

....

第二部分

休息一下。分散自己的注意力。看看你能不能舔到自己的胳膊肘——如果你能，你就是那 1% 的人！

第三部分

现在再想象一下，你即将打开有你成绩的那个信封。

（喂！别舔你的胳膊肘了！）这一次，想象自己站在别的地方，比如厨房或卧室。现在你已经感受到兴奋和紧张的情绪。打开这封信，这一次看到的是你想要的结果。是的！你做到了！成绩超出你的预期。注意你的感受——骄傲、泪流满面、兴奋。

现在把这句话补充完整（和之前一样，写下你的想法——不要纠正自己）：

我取得了这些成绩，因为我……

··

··

第四部分

比较两次不同的反应。来自你内心深处的建议可以帮助你产生前进的动力。在内心深处，你知道自己的想法，而且在这次体验中你已经靠近了它。当然，听取别人的建议也是很好的选择，但归根结底，你要为自己的命运负责！

第五部分

在一张大纸上，在左侧写下避免失败需要做的事情，在右侧写下确保成功需要做的事情。你可能需要改写第一部分和第三部分中的表述，但不要改动太多。最先出现的话通常是最好的。把这张纸钉在你卧室的墙上、冰箱门上或你的手账本的封皮上——你经常会看到的地方。这是一个很好的提醒，可以让你继续前进。

好的，现在你可以继续尝试舔你的胳膊肘了……

短期收益 VS 长期收益

科学家们常常会设计一些非常有意思的实验。其中一个实验是给4岁孩子两个不同的机会：立即吃1块棉花糖或在空房间里坐在棉花糖旁等5分钟后吃3块棉花糖。可以想象，小天使们通常会屈服于眼前的诱惑。他们选择了立即吃1块棉花糖，而不是等等吃3块棉花糖！

科学家们对成年人也进行了类似的实验，结果是相同的。例如，如果被问及他们更喜欢现在获得100英镑还是一个月后获得200英镑，大多数成年人会选择现在就要100英镑。

这些实验告诉我们关于动机的一些有趣的事情。短期收益比长期收益更具吸引力。复习时，这意味着你可以在完成一定数量的工作后给自己一些小礼物。

然而，归根结底，我们读书是为了长期而非短期收益。你希望通过你的全力以赴获得的三大长期收益是什么？

1. ....

2. ....

3. ....

值得思考的事……

- 现在玩游戏还是现在学习以便日后获得好成绩？
- 现在不复习，还是以后考不上大学？
- 同样的内容，是现在复习 15 分钟，还是在一天后复习 4 小时？
- 在课堂上和你的朋友说说笑笑，然后需要课后补习？
- 是在没课的时候去逛商场，还是先学习以便在晚上有更多的空闲时间？

影响你发挥潜力的"猴子"是什么？

我们大多数人都喜欢看电影。你最喜欢的电影类型是什么？动作片？恐怖片？科幻片？浪漫喜剧片？

好吧，不管你喜欢什么样的电影，我们打赌你喜欢《玩具总动员》系列电影。来吧！承认吧——你确实喜欢过！

它们是很棒的电影，我们可以从《玩具总动员》中学到一些非常重要的人生课程。

以《玩具总动员3》为例，事件的起因大致是这样的：安迪要上大学了，需要整理他所有的旧东西。由于一个很大的误会，胡迪、巴斯光年和所有其他玩具最终没有被存放到安迪家安全的阁楼上，而是被送到了一所幼儿园。

起初这里似乎是玩具的天堂，但很快他们就发现这里只不过是一个由邪恶的粉红泰迪熊和独眼娃娃管控的战俘营。

有一次，胡迪正计划逃跑，他与一个旧玩具交谈，这个

玩具已经在这里待了很长时间，他很了解这里的情况。他解释说，有一只邪恶的猴子坐在一排监视器前，监视着一切。如果玩具试图逃跑，他会发现并叫人帮忙。没有人能逃出去。就像《肖申克的救赎》一样。只不过主角换成了玩具。

聪明的老玩具告诉胡迪，真正的问题是猴子，他能看到教室和操场上发生的一切。胡迪可以开门或翻墙，但如果他不能摆脱猴子，就没有逃脱的机会。

你曾有过这样的感觉吗？你想做某些事情——成功通过考试、取得好成绩——但总有一些事情在阻止你？

我们都有阻碍我们发挥潜力的东西——而这些东西就是我们的"猴子"。

那么你的"猴子"是什么？

☐ 社交媒体　　☐ 游戏　　　☐ 朋友
☐ 音乐　　　　☐ 电视　　　☐ 某项工作
☐ 家庭责任　　☐ 足球练习　☐ 舞蹈或戏剧团体
☐ 课堂上的表现☐ 懒惰　　　☐ 缺乏动力
☐ 浪费时间

把你的"猴子们"写下来：

....

....

"猴子们"通常不坏——事实上，它们常常很好，只不过没有被正确利用。

例如：

- 和朋友交流很棒，但如果他们阻止你学习，那就不是好事。

- 玩游戏很有趣，但如果你在上学期间的晚上玩到凌晨 3 点，就不能算好事。

- 足球练习很重要，但如果它让你无法完成学校作业，那就不是好事了。

你明白了吗？

如果你想改善现状……摆脱"猴子们"！

所以，我们能做些什么？

- 关掉你的手机。（是的，真的——它确实有关机键！）

- 让妈妈管理你的游戏机。（噢，不！呃……是的。）

- 上课时，找不会分散你注意力的人坐同桌。

- 减少课外活动，直到考试结束。

- 早点睡觉。

- 卸载你的《愤怒的小鸟》游戏。

要做到这些，可能需要你足够成熟和自律，但如果你想成功，你需要做出正确的选择。

自律不是你对自己做什么，而是你为自己做什么！

在这里写下一些可以帮助你的策略：

....

....

超会学习的大脑解密

心理学家理查德·怀斯曼（Richard Wiseman）确定了提高动机的三种简单技巧。为了你自己，试试这些技巧：

1. 告诉其他人你的目标。
2. 取得进步时奖励自己。
3. 在日记或图表上记录你的进度。

贝基的故事 *

贝基在伯明翰上学。她正在学习（英国）普通中等教育证书的法语课程，并报名参加了基础级考试。贝基被预测为 E 级。

有一天，贝基决定要提高自己的法语成绩，所以她去找她的法语老师，问她是否可以参加老师放学后开设的额外课程。

"哦，"她的老师说，"这个班实际上是为处于更高阶段的学生准备的。你学可能会有点吃力。"

于是贝基走了，有点泄气。老师想了想贝基的情况，对自己的消极回应感到后悔。所以第二天她找到了贝基：

"你瞧，贝基，我对我昨天说的话感到抱歉。你当然可以一起来学。你可能会觉得课程有点棘手，但你为什么不试试看呢？"

* 名字做了更改，但故事是真实的。

"好的，老师，"贝基说，"我会的。"贝基成了最常参加课后班的人之一。过了一段时间，她的老师决定让她进入更高水平的法语学习。贝基不太可能通过——她仍然被预测为 E 级——但她的老师认为这可能会鼓励她。

学习完成了。8月，成绩出来了，猜猜贝基得到了什么？

是的，一个A。被预测为E，但通过一点努力和一些自信，她把它变成了一个A。

如果贝基可以做到，那么你也可以。

向前看，向外看，向内看，都可以帮助我们

- 向前看：意味着韧性——继续前进，即使困难重重。

- 向外看：意味着联盟——谁在我们身边，谁能为我们提供帮助和支持？

- 向内看：意味着自我调节——我找到动力了吗？我做出正确的选择了吗？

你永远不会成为失败者，除非你放弃尝试。

总结

请勾选你同意的内容：

☐ 这个世界竞争激烈，我们需要成为最好的自己。

☐ 我们都有能加以发展的独特天赋和能力。

☐ 当我们不喜欢学习时，我们需要找到内在动力让我们继续前进。

☐ 我们都需要目标——我们所追求的东西。如果我们不知道自己要去哪里，我们将如何到达那里呢？

☐ 生命短暂，所以我们需要充分利用它。与余生相比，我们花在复习上的时间真的非常少。

☐ 有些事情会阻碍我们。我们需要识别它们，然后解决它们。

第3章

恰当的技巧——找到学习方法

在本章中，我们将介绍很多学习方法，其中一些适合大多数人，而另一些只适合我们中的某些人。

为什么？因为我们每个人都不一样！

在以下情况中，我们会处于最佳的学习状态：

- 可以自己独立解决问题。

- 充满感情地学习和体验（戏剧性的、不同寻常的，以及调动所有感官的）。

- 感到安全和积极。

- 可以选择学习方式。

而在以下情况中，学习效果最差：

- 我们被提前告知了答案，手里有讲义资料和复习清单。

- 学习体验枯燥乏味。

- 感到不安全，担心因犯错而受到批评。

- 我们无法控制自己如何学习。

需要掌握的两类学习内容

如果想在学校里大放异彩，我们需要掌握两类学习内容：

1. 知识或"需要知道的内容"。这意味着事实、信息、公式和想法类的学习内容——就像商人后院里堆得很高的货物！我们需要学习的内容，比如时间表和历史事件的日期，常用的学法是死记硬背——背诵。这可能是一种有效的方法，但它可能不如本节探讨的一些替代方法那么有效。

2. 应用或"用我们知道的知识做事"。当我们解方程式或将表格转换为有意义的结果时，我们要会应用知识。这就像使用知识的砖块来建造被要求的任何建筑，比如房屋、大教堂或桥梁。

> 闻之我也野，视之我也饶，行之我也明。
>
> ——孔子

> 为学日益，为道日损。
>
> ——老子

自测

1. 描述这两类学习内容。

2. 像比较食物那样比较它们。

我们不仅需要展现出对知识的理解，还要能展现出对信息应用的能力。

你曾做过的最可怕的事情是什么？

用"知识理解"的关键词记录这次体验。

再用"应用评估"的关键词记录这次体验。

二者有何不同？

记住：知识就像内衣——你需要拥有它，但不一定非得炫耀它！

有趣的记忆法和学习法

在课堂上使用 S.N.O.T 原则寻找答案

当你遇到困难时，请按以下顺序寻找答案：

自己（Self）——不要立即寻求帮助。如果我们总是在充分思考之前就得到了答案，那么我们会很快忘了答案或者不会将知识与更广泛的其他知识背景联系起来。

邻桌（Neighbour）——如果你不能自己解决困难，那就试着问问你身边的朋友。总而言之，"同桌，每个人都需要好同桌"。

其他（Other）——在最终询问老师之前，先考虑还有什么其他人或其他资源可以帮助你，例如互联网、教科书、课堂笔记或工作表单。

老师（Teacher）——这是最后的办法，而不是首选。在问老师之前，先求助于自己、同学、其他资源，这可以帮助你提出问题，将想法和潜在答案联系起来——这是很好的应用实践经验。

首字母缩略词记忆法

助记语对于记住5~9个项目的信息序列最有用。例如:

◉ 光谱颜色: red（红色）、orange（橙色）、yellow（黄色）、green（绿色）、blue（蓝色）、indigo（靛蓝）、violet（蓝紫色）可以记成"Richard Of York Gave Battle in Vain"（约克城的理查德在战斗中徒劳无功）。

◉ 太阳系的行星: Mercury（水星）、Venus（金星）、Earth（地球）、Mars（火星）、Jupiter（木星）、Saturn（土星）、Uranus（天王星）、Neptune（海王星）、Pluto（冥王星）*

可以记成"My Very Easy Memory Jingle Seems Useful Naming Planets"（我的叮当记忆法虽然很简单，但是对记住行星名字很有用）。

尝试用这个方法记忆人体下半身的骨骼名字:
hip（臀部）、femur（股骨）、patella（髌骨）、tibia（胫骨）、fibula（腓骨）、tarsals（跗骨）、metatarsals（跖骨）和phalanges（指骨）。

$$H—F—P—T—F—T—M—P$$

---

* 最近冥王星已经从一颗行星降级为一大块岩石。几个世纪以来，大多数科学发现都发生了变化。这本书分享的是过去15年中，那些对我共事过的学生们最适用的想法、理论和研究结果。

视觉联想法

以下是一些视觉联想法的例子。

- **发现青霉素的年份**：想象一下，在一个大培养皿里有一些胶状物，上面分散着恶心的绿色黏液细菌（黏液，Phlegmy），中间有一块未被污染的区域，上面并没有细菌，因为青霉素杀死了这里的细菌，在这里，写着 1928 这几个数字。"绿色黏液"英文拼写和视觉意向提醒了青霉素发现者的名字：亚历山大·弗莱明（Alexander Fleming）*。

- **法语单词"un livre"**（一本书）：想象一本书的封面是用（肝脏）做的。能看到深红色的光滑表面。请想象一下，你把它拿起来，感受它在你的手指间粘腻的感觉。当你这样想象时，就记住了"un livre"。

- **首都**：Doha（卡塔尔的首都多哈）。想象荷马·辛普森（《辛普森一家》动画片）在足球场上踢球并咕哝着"Doh！"。（卡塔尔举办了 2022 年国际足联世界杯）这招很管用！

* 黏液的英文是"phlegmy"，与"Fleming"的发音相近。——译者注

学会把最常见的错别字写对，不仅会让你的英语老师高兴，还会给考官留下深刻的印象。

哪个拼写是正确的——"definitely"还是 "definately"？ "accidentally"还是"accidently"？

对于definitely，中间的"nit"可以给我们提供帮助。想象一下你正在找头发中的虱子（nit）。当你说"我真有虱子（I definitely have nits）"时，做几次梳头发的动作。

你自己试试"accidentally"。

下面这些单词你认识哪些？如果你不确定，请查看第4章中"拼写"部分的正确拼写。

Acceptible	*Collum*	*Experiance*	*Libary*	*Relevent*
Adquire	*Foriegn*	*Innoculate*	*Medeival*	*Wierd*

组块

思维导图是一种视觉化的组块。（参见第1章前关于本书结构的思维导图）每个人都可以用不同的方式和水平来学习。然而，我们的注意力通常会被两类方式吸引：自上至下或者从整体至局部。我们的眼睛像显微镜或望远镜一样工作。把一些需要学习的东西加以分类，即化整为零，这就是组块。

我们可以将一个主题进行分类，这说明我们真正理解了其中的信息。例如，如果有人问你关于第二次世界大战的问题，你可能会想到，这是在问起因、主要战役、闪电战、配给制、工厂女工的角色、宣传、英格玛密码还是美国的角色？

组块意味着你可以将每条知识链接到更广泛的背景中。这显示了对知识更深入的理解。你可以进行自我测试：看看自己是否可以找到上述所列举的任意两个概念的联系，比如说配给制和它的宣传广告（也许可以联系到健康食谱广告）。

超会学习的大脑解密

大脑通过寻找模式来理解世界，它喜欢在事物之间建立联系。当大脑的神经元之间发生新的连接时，就会产生意义和洞察力。

人类常常抬头看天上的云朵，通常能从变化无常的随机形状中看出某些形象。这个模式似乎可以激活大脑，让神经元跳舞。人们相信，发现模式，并以此做出预测的思考方式帮助人类祖先生存下来。

前几天蒂姆抬头看云，在云层中看到了一条鲸鱼、一张笑脸、伏地魔、一只鸡和马尔维纳斯群岛。我们的祖先也曾这样做！

超会学习的大脑解密

眼睛看东西的速度比我们读出句子的速度要快得多。这是因为，在某种程度上，我们仍然以小时候被教导的缓慢读出的方式阅读。在我们5岁的时候这样读确实很好，那是因为我们正在学习阅读，但当我们长大了还这样做就会浪费时间。我们可以在阅读时更多地依赖我们的眼睛，这样能够提高阅读速度，且不会失去对意义的理解。

下面的实验告诉我们，为什么说眼睛看到的比我们想象得要多。

在下面的句子中，文字的顺序被打乱了。但是如果你以正常速度阅读，你仍然可以识别出所有文字：

然虽这些字文的序顺经已被乱打来弄捉你，是但你然仍够能别识出字文并解理义含。

速读

如果你正在学习需要大量阅读的科目，那么这是一项值得培养的技能。速读可以为你节省大量时间。

首先，测试你当前的阅读速度。随机选择一段约15 行的段落，以正常的速度阅读，记录所需的阅读时间。其次，计算出每分钟能读出几行，或者如果你比较在意，也可以计算每分钟阅读的字数。

轻松速读

进入恰当的心态，放松而专注……

花一点时间思考为什么要阅读这章内容或网络文章。如果你正拿着一本书，而不是看屏幕，你可以查看章节标题和小标题。哪些内容是和你阅读这些内容的理由最相关的？从那里开始读。如果只是为了查询信息，千万不要按从头到尾的顺序阅读一本书（如果是为了娱乐而阅读的侦探小说，那么速读就不合适了！）。你是不是已经学到了什么？你是否正在找一些特定的信息？

尝试一次看一整页（首先以段落为单位开始阅读以提高速度），非常快速地扫描每一行的文字。寻找重要的单词并识别它们，而无须尝试阅读整个句子。继续往下看，除非停下来画线或记重点。你应该能够立即将速度提高三倍。

在适当的时候总结学习要点。

联想记忆法

如果你知道你把记忆的内容留在了哪里，你就会知道在哪里找到它。它可能在你自己的身体周围……

下一页的插画中有很多物品，你能记住它们吗？请尝试尽可能地以令人难忘的方式将它们形象化——鲜艳的颜色、声音、动作、质地、气味和味道。你描述得越令人难忘，它们就越有可能被记住——你就能把它留在脑海里。

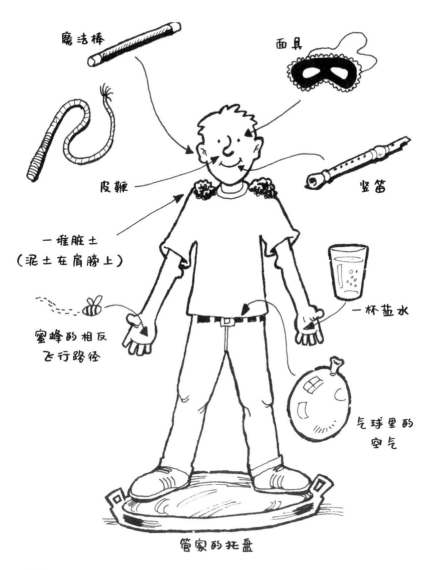

魔法棒

面具

皮鞭

竖笛

一堆脏土
（泥土在肩膀上）

蜜蜂的相反
飞行路径

一杯盐水

气球里的
空气

管家的托盘

在上图中，需要记忆的内容分别是：魔法棒、面具、皮鞭、一堆脏土、竖笛、蜜蜂的相反飞行路径、一杯盐水、跳动的心，气球里的空气、管家的托盘。试试用身体的各部位联想记忆这些物品。

105

让学习更有趣的7种方法

作为独立的个体，我们的学习方式也因人而异。了解自己的学习偏好可以帮助我们更有效地学习。

正如你已经看到的，当学习内容与图片、文字和感觉相结合时，记忆最深。我们经历过的最生动、最难忘的时刻常常像电影短片一样在我们的脑海里播放。用专业术语来说，这包含了视觉（看）、听觉（听）和动觉（做）。

以下是我们遇到的一些将这三者结合在一起的好方法。看看哪些方法对你有用？

1. 视频短片

使用智能手机或平板电脑制作、发布视频短片，可以放在网络平台上，也可以发给老师或同学看。可以把相关知识以关键图片或关键词的方式写在便签上。在拍摄时，将便签移入和移出镜头，并配上解说词即可。该短片也是一个很有用的复习辅助工具。

2. 积木

购买便宜的、非品牌的**叠叠乐积木块**，在每个积木上写下关键概念或词汇。

用木块搭一个高塔，然后开始玩游戏，要移除一个木块时，先测试。与朋友一起玩效果更好。

当把塔的木块移除到底时，用木块摆思维导图，或者随机拿取两个木块想想它们之间的关联。

3. 纸牌鲨

拿出一副纸牌，在每张牌上写下关键词、符号或短语。写的时候请发挥想象力。以下是一些建议：

- 每个主题一套牌。

- 有图的牌可以代表关键人物。

- 用纸牌黑桃A来标定。

- 每一套牌都可以贯穿一部电影或一本书的关键情节。

- 可以在一张牌的一面上写下数学问题，而另一面写答案。

- 牌面上的数字可以直接与一个想法或日期关联。

洗牌并开始复习。你还可以将任何其他的桌游进行改编来帮助你复习。

4. 王牌对王牌

有些科目适合用王牌对王牌 * （Top Trumps）的方法，尤其是遇到需要你比较的话题或主题的时候（例如国家、书籍、人物、角色）。不是给每个类别打分，而是将它们留空，由你来代表你拿到的卡牌上所写的主题，与你的朋友进行辩论，说出理由。这是分享知识的好方法。

---

* 一种简单常玩的纸牌游戏。抽对方的牌，抽到一对可以打出去，最后看谁还剩下牌。——译者注

5. 折叠法

将关键信息、概念和公式隐藏在纸页下比听上去还令人兴奋！作为一种替代阅读、重读、记笔记和用荧光笔标记的方案，很受欢迎。

以下是我们最喜欢的四种方式：

①单张折叠（使用三张A4纸）

关键词，在折叠部分的下方记录关键信息：

《人鼠之间》

四个关键主题

人物性格、动机

剧情的关键时刻

作者介绍

②摆放四张卡片

①
将主题分解为四个关键学习模块（三个或五个也可以）

②
四个关键主题
四个医学突破
四个主要角色
（你总结的）

③
写在四张纸上

④
在反面写上线索词

⑤
把每张纸揉成一个球

⑥
向目标投掷

干净的垃圾桶！

⑦
随意从中选择一个纸球，打开

⑧
查看线索词并检查你记得多少

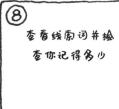

罗密欧
(ROMEO)

⑨
重复这个过程，直到你记住了

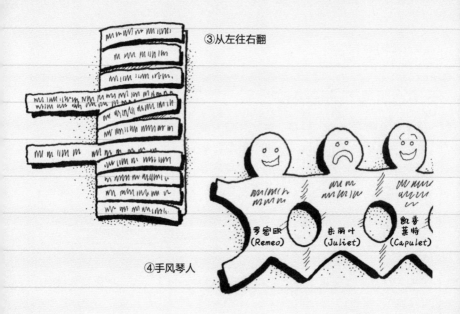

③从左往右翻

④手风琴人

罗密欧
(Remeo)

朱丽叶
(Juliet)

凯普
莱特
(Capulet)

多元智能法

多元智能理论由心理学家霍华德·加德纳（Howard Gardner）提出，它认为，我们有8种不同的智能表达方式。加德纳将这些方式统称为"智能"，并相信它们是可以培养的。

这8种智能是：

1. 词汇：喜欢读/写，擅长拼写，常用文字/诗歌/歌词思考。
2. 数字：喜欢谜题、抽象概念、理论、测验、测试，爱问"为什么"。
3. 图像：更倾向使用影像、图片、地图、图表、颜色等方式思考。

4. 音乐：经常唱歌、哼唱，容易记住旋律，工作时喜欢听音乐。

5. 身体：通过感觉、运动、戏剧、舞蹈、协调性来记忆，通过动作、角色扮演、游戏来学习。

6. 人际：乐于社交、调解，善于倾听，善于识别情绪。

7. 自然：亲近自然世界，喜欢在户外，对植物/动物进行分门别类。

8. 自我：了解自己、独立，重视自己的优势，有目标感，有主见，更易实现自我。

用8项多元智能共同探索某一主题，可能是一种学习关键知识不错的方法。

选取你的主题并以8种不同的方式对其进行总结：

1. 单词：找到或写出一首诗、学习一场演讲，选择用6~15个单词来概括其主题。

2. 数字：确定5个最重要的知识点。

3. 图片：找5个关键的图标/照片/图片，并将其做成一个展示图。

4. 音乐：选3首让你想到该主题的歌曲。

5. 身体：创造或模仿一些运动动作。

6. 人物：为参与该主题的3个主要人物创建个人资料信息主页。

7. 自然：探讨该主题对环境的影响。

8. 自我：与你选择的3个关键人物相比，你会有什么不一样的做法？

6. 教猫法

有种说法认为，除非我们必须将学到的东西教给别人，否则我们永远不会真正理解它。

把你需要学习的东西分解成多个部分，然后教给别人。如果你有朋友正在学习同一个科目，你们可以互相教。如果你的分数学得不太好，但代数部分还不错，而你的朋友恰好相反，那你们可以互相帮助，先互相讲自己所知道的知识，然后再交换讲不擅长的知识，以确保你真正学明白了。

（用笔连线）

听讲座	50%
阅读	90%
良好演示	5%
小组讨论	20%
边做边练习	10%
教别人	75%

如果你没有合适的朋友，可以教一个你想象中的朋友、宠物猫或最喜欢的毛绒玩具。不过，最好教真人，因为他们总会要求你更充分地讲你掌握得不太好的部分——这有助于你的学习。他们还会要求你改进某些部分，这将帮助你更深入地学习。

下面这张表说明了为什么"教猫"的方法有效。

你能将我们最终获得的记忆内容百分比与我们体验它的方式相匹配吗？*

---

* 答案：听讲座——5%，阅读——10%，良好演示——20%，小组讨论——50%，边做边练习——75%，教别人——90%。

7. 应用

为了检验你是否真正明白了某些内容，你可以挑战自己或朋友，以建立随机关联。例如，当我女儿在学习约翰·斯坦贝克（John Steinbeck）的小说《人鼠之间》时，我问她，"它与《呼叫助产士》这个电视剧有什么共同之处？"她想了一会，然后认为这两者中的角色所使用的词汇水平反映了他们的受教育水平和做出理性决策的能力。这样的练习有助于巩固她的学习内容。

那么，《人鼠之间》像什么：

- 学校？
- 冰箱？
- 咖喱鸡？

以一种不同的方式或创造性的方式去思考事物更令人难忘！

复习的二八法则

帕累托原则（Pareto principle）指出，80%的奖励来自我们20%的工作或努力。

它适用于许多学科。如果我们花一点时间思考如何以最佳的方式运用我们的时间来实现最大程度的努力效果，我们会获得回报的。

我们经常倾向于查看已经知道的或喜欢的内容，而不是深入了解那些我们感觉混乱或兴趣不大的内容。

用两小时复习你已经非常熟悉的材料可能会让你在考试中多获得2%的分数，而把这两小时用在你难以理解的内容的学习上，可以给你带来10%的加分。把这个原则应用到不同学科或同一学科内的不同主题上吧。

为了获得最大收益，你应该关注哪个部分的复习呢？写下你的想法。

如果你第二天再看这些想法，仍然觉得是明智的建议，那你就照做吧！

付出努力，刻意练习

我们似乎生活在这样一种"文化"中：那就是期望"不劳而获"。

没人会为将来可能发生的事情提前做准备。我们不存钱——我们用信用卡。

音乐家在真人秀节目中一夜成名，似乎无须四处奔走、打磨技艺，也无须在一次次失败之后变得更加强大、更加智慧。

在学校里，如果我们没有立即"明白"一些东西，就会倾向于说"太难了"或"我做不到"，然后放弃。

但这不是通往成功的道路，也不是精通某事的道路。

仿佛此时此刻不会，那就永远学不会。

如果你关注的一位成功人士——真正的成功，而不是在《X音素》这种选秀节目中的成功——你就会发现他们已经学习、努力、实践、磨炼和训练了很长时间。他们经历过非常艰难的时期，但仍然保持前进。他们会经历失败，但会重新振作，重新开始。

除了像英国男子偶像团体单向乐队（One Direction）这样

极少数的例外（他们在2010年的《X音素》中排名第三），大多数选秀节目的所谓天才的获奖者很快都陷入了默默无闻的境地。在过去，乐队的"练习生"会先在小型场地表演，通常会持续好多年，慢慢打磨技艺。当他们最终突破时，多年来的磨炼带来的技巧和能力，会帮助他们拥有更长的职业生涯。披头士乐队（The Beatles），可以说是有史以来最成功的男孩乐队，他们拥有这样的成功是因为曾经在德国汉堡的一个酒馆中有长期的演出。1960年到1962年间，他们演出了250多场，其中有一些长达8小时。他们之所以成功，是因为他们为此付出了努力。

成绩最好的孩子并不总是最聪明的，但他们通常是最努力的。

如果你认为你可以先松懈个两年，然后在考试前两周开始复习，仍然能获得最高分，那么你会大失所望的。

因为你不可能做到！

努力会给你力量，懒惰会让你成为奴隶。

超会学习的大脑解密

是什么让一个人成为专家？

有人开始回答这个问题了。瑞典心理学家安德斯·埃里克森（K. Anders Ericsson）教授想了解如何能在任何特定领域取得真正的成功。他在柏林音乐学院对小提琴手进行了研究，发现掌握一项技能大约需要10,000小时。

没有天生就会某项技能，这纯粹是和我们投入的努力有关。

经验就是一切。你做得越多，你得到的就越多。从小开始努力学习，专注，避免分心。这并不一定意味着你很快乐，但如果你非常非常想要某样东西，那么你需要为之付出努力。

"莫扎特并不是天生的作曲家，"埃里克森教授写道，"是他让自己成为作曲家！"10,000小时大约是每天4小时，每周5天，持续10年！天哪！

> 还没有在比10,000个小时更短的时间内达到真正的世界级专业水平的案例。似乎大脑需要这么长的时间来理解它所需要知道的所有内容以达到真正的掌握。
>
> ——心理学家和神经学家丹尼尔·列维京（Dr Daniel Levitin）

亚伯拉罕·林肯（Abraham Lincoln）那充满挑战的生活

- 22 岁时，做生意失败了。

- 23 岁时，落选地方选举。

- 24 岁时，生意再次失败。

- 25 岁时，当选为州议员。

- 29 岁时，落选州议长。

- 31 岁时，落选未宣誓的选举人。

- 34 岁时，落选国会议员。

- 37 岁时，当选国会议员。

- 39 岁时，落选国会议员。

- 46 岁时，落选参议院。

- 47 岁时，落选副总统。

- 49 岁时，落选参议院。

- 51 岁时，当选美国总统。

如果他放弃了，会发生什么？

10,000是个神奇的数字！

棋圣

世界上最年轻的国际象棋大师加里·卡斯帕罗夫（Garry Kasparov）连续255个月排名世界第一。许多人认为他是有史以来最伟大的棋手。他从小就开始下棋，7岁开始参加国际象棋班，15岁就已经是世界第二了！

他是怎么做到的？他投入了大量时间！

你患有不愿意综合症（CBAS）吗？

CBAS ——不愿意综合症（Can't Be Arsed Syndrome，以下简称CBAS）是一种非常严重的疾病，影响了很多人。它很常见，没有已知的治愈方法。

不开玩笑。你可能患有CBAS。让我们来做一个快速诊断。当你妈妈让你帮忙洗碗时，你是否会想："哦，我才懒得去！"如果是这样，你可能患有CBAS。

在整理你的卧室这件事上呢？你经常愿意做吗？不？你是不是从来都不想做，因为它太费力了？是这样的吗？那可能是因为你有CBAS。

你有很多功课要做，但你所做的只有躺在沙发上看电视。你有CBAS！

CBAS也发生在课堂上。

老师问了一个问题，没有人举手（因为他们也都有CBAS！）。于是老师挑了一个人。回答问题的人用一种非常无聊的语气说："我不知道。"

然后老师选了另一个人，"我不知道。"

其他一些人也被提问了，但都是一样的："不知道""不知道""不知道"。

这是CBAS在影响你。

有时我们是真的不知道答案。这没关系。如果我们什么都知道，我们就不需要上学了！

那么，虽然结果是不知道，但你是否在思考为什么？

所有答案都是好的，即使它们不一定正确。

唯一错误的答案是"我不知道"，因为它表明：（1）你没有在思考，（2）你有CBAS。

由于CBAS的存在，老师提出问题和给出答案之间的平均时间是……有人知道吗？

在1~3秒之间。

如果你的老师告诉你答案，那就像用勺子喂你吃饭一样。

现在试着思考这个问题：在哪里白天和黑夜可能会同时出现？

你能想出至少20个想法吗？

如果可以的话，你可能已经从不同的角度解决了这个问题——这就是我们所说的发散思维。雇主们和大学需要具有这样思维方式的人才。

他们不希望录取患有CBAS的人。

他们不希望录取那些期望被告知答案的人。

他们不希望录取一遇到困难就放弃的人。

他们确实需要有创造性思维的人。

他们确实需要不怕犯错的人。

他们确实需要能独立思考的人。

那是你吗？（不要说："我不知道。"）

记住：只有婴儿需要用勺子来喂养。

你在课堂上表现得好吗？

稍后我们会邀请你想一个数字。这将是一个两位数，并且两个数字不同。准备好了吗？好的，这个数是个奇数，在19到60之间。现在快速想出这个数字并把它写下来，让我们看看是否可以很快猜到它。

当我们紧张时，我们往往很容易墨守成规。如果你要求某人快速说出一种颜色，大多数人会说红色。如果被要求说出一种蔬菜，大多数人会说胡萝卜。

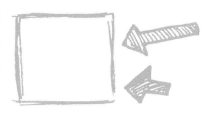

好的，是37号吗？

你来试试吧。你会发现大多数人都会说37。这是因为我们很自然地就会进入自动驾驶思维模式，而3和7是我们在压力之下最有可能会检索到的奇数。

你在课堂上表现得怎么样？如果你处于自动驾驶模式，那么你不会达到最佳学习状态。

确保你做好准备、全力以赴，避免你的学习陷入就是红色和胡萝卜的状态！

如果你只付出一半或更少的努力，这些会激发你的潜力吗？

智力只是其中一个因素，主要还是取决于你学习的状态。那些学习得更努力或更巧妙的人往往做得更好。

做点什么吧！

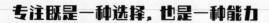

专注既是一种选择，也是一种能力

你的注意力有多集中？

你现在能听到什么？可能是一些非常明显的响声，但是如果你把注意力只放到听觉上，真正去听，你可能会非常惊讶你居然能听到好多不同的声音。

有时我们在听，有时我们没在听……

在课堂上，很容易听到不应该关注的声音——我们的朋友在说什么，你桌子里手机的声音，窗外正在发生什么。

很容易就忽略了重要的东西——比如老师在说什么或在做什么。

专注是一种选择。

专注是不要因谈论与学习无关的事情而忽略了重要的东西。

专注是积极倾听——做笔记、提问、听进去。

专注是与说话的人进行眼神交流。

专注是忽略干扰，继续完成任务。

你知道学霸与学渣之间的真正区别是什么吗？

是智力吗？不是。

是专注。

如果你想学得好，那么请学习如何做到专注。

学贵有法，在巧不在力。

脑力升级秘笈 8：新的一天计划

大约40%的人制订了新年计划，只有12%的人能努力坚持完成！

你的意志力如何？

新年计划通常会因为需要在行动上做出太大的改变而失败。一个更好的选择是"新的一天计划"。想一种你可以在每个上学日里引入的行动上的小改变。

可以是回家后复习当天在学校就某个重点学科所做的笔记，并重点突破一个关键点。将这个新行动持续一个学期，然后保持这个习惯或开始另一个小小的改变。在手机上设置一个提醒，以确保你不会忘记。

总结

请勾选你同意的内容：

☐ 我们需要"学会学习"以便充分利用在校时间。

☐ 有时我们确实需要开始认认真真地付出努力来学习。

☐ 想擅长做某事需要付出努力。

☐ 懒惰没有任何好处。

☐ 如果你是被动的填鸭式学习，你就不能发挥出自己真正的能力。

☐ 比较好的方式是排除干扰，专注于重要的事情。

☐ 正确的态度会带来正确的结果。

第 4 章

恰当的练习——复习的方法

让我们来聊聊个性化……

你设计过自己的签名吗？如果有，你是怎么设计的？在你的一生中，你会签数千次名，所以要有一个给力的签名。

把你的名字签这里：_____

那么，签名的感觉怎么样？简单？舒服？自然？

现在把你的笔放在另一只手上——那只你通常不会用的手——然后再签一次。

这次感觉怎么样？困难？难受？难看？

有时我们会尝试用不适合自己的方式来工作，也可能会被人要求用不舒服或尴尬的方式来工作。

复习也是一样。有些方法对我们来说非常完美，而其他人却觉得非常怪异。使用让你感觉自在的方法，摒弃那些让你觉得不舒适的方法。

事情会变得简单。

恰当的练习

智商的作用被高估了。那么什么是真正的智商呢？

顶级的外科医生并没有比普通外科医生智商更高、考试成绩更好或手指更灵巧。

象棋大师的智商也并不比普通棋手高。一般来说，智商对战绩的影响只有4%，剩下的96%是练习。

快速的智商测试

你觉得世界似乎一直在变得更大更有趣吗？如果是这样，那表明你的智商正在稳步提高。或者，你觉得世界似乎一直在变小和变糟糕了吗？如果是这样，你的愚蠢值正在稳步增加（出自罗伯特·安东·威尔逊的"愚蠢动力学Stupidynamics"）。

要事第一

你有没有注意到我们会很高兴地整理房间、洗漱、查看社交媒体信息或遛狗而不是开始学习?

你因为分心浪费了多少时间?

来做一个关于你自己的小研究吧。在一小时的学习时段中,记录你实际花在任务上的时间。

> 最重要的事情是让最重要的事情成为最重要的事情。
>
> ——管理学大师史蒂芬·R. 柯维
> (Stephen R. Covey)

穴居人乌格的经历

穴居人乌格整天都在狩猎和采摘。但他什么也没抓到。他是最差劲的穴居人。

他压力很大。

并且很饿。

他能聊以果腹的只有在灌木丛里找到的浆果，因为浆果不会逃跑。只能摘蓝莓，乌格！红色的有毒！

然而，乌格并不孤单……

突然，一只威武的
剑齿虎从灌木丛中跳了
出来！

穴居人乌格
会做什么？

好吧，乌格可能会有很多种反应，所有都是本能的反应。

他的感官会提醒他眼前的危险，肾上腺素会冲向他的四肢，使他变得比平时更强壮、动作更快！

这个状态帮助他做两件事：

战斗——他的本能会告诉他要为自
己的生命而战。

或者逃跑——他可
能就直接逃跑了！

129

乌格也可能会僵住，不知道该怎么办。

这可能看起来很愚蠢，但实际上会帮助他活下来。如果他保持头脑完全清醒，可能会决定把有毒的红色浆果扔给剑齿虎。这是行不通的，因为老虎看到这个举动，可能就不仅是饿，还会有点恼怒了。乌格会被吃掉。

如果乌格僵在那儿，那么剑齿虎有可能注意不到他，转而去吃其他人或别的东西。所以，压力可以让我们做这三件事：战斗、逃跑或僵住。

这跟复习有什么关系呢？

考试就是你的"剑齿虎"！考试让我们压力山大！

因为我们有压力，我们会表现出其中一种、两种或所有三种压力反应。

战斗（Fight）！

压力让我们变得暴躁易怒！

当你有压力时，你会变得咄咄逼人吗？很多人都会这样。随着考试的临近，请觉察自己的反应。谈谈你的压力，做一些运动释放压力，你会感觉好一些。不要只是对着别人大喊大叫，或者摔东西。

逃跑（Flight）！

哇！为了备考，你得学好多东西。这压力确实很大，好像有一大堆的东西要学。

你是想解决它还是逃避它？你的头是想钻进沙土里，还是留在外面？越是逃避和拖延，你就会变得越紧张。

复习最难的部分是一开始。

你的压力会让你回避复习。但是，一旦开始，压力就会开始减轻。

如果你还没有开始复习，从今天开始。现在就开始做点什么！

僵住（Freeze）！

你曾经有过在考试中惊慌失措，然后一出考场你就知道应该写什么的经历吗？这就是僵住。

你曾经有过尝试约某人出去，但舌头总是打结的情况吗？这也是僵住。

你曾经有过在工作面试时，不知道该说什么的情况吗？那就是僵住！

你复习的内容越多，就会感觉越自信，也就会变得越不紧张。你越不紧张，就越不可能僵住。

那么，在复习的时候，你是在战斗、逃跑还是僵住呢？

你是个斗士吗？

我可以通过三种方式降低我的攻击性：

1.

2.

3.

你是个逃兵吗？

有助于我开始复习的三件事：

1.

2.

3.

你僵住了吗？

无须恐慌！以下是我上周复习时已经记住的三点：

1.

2.

3.

准备好开始复习

所以，复习最难的事情就是开始去做。我们经常推迟复习，因为它让我们害怕，或者因为我们不知道如何去做。

让我们现在就解决这个问题。你需要复习，你需要开始。

在你最忙碌的一天中，实事求是点说，你能复习多长时间？不要说"一点时间都没有"。你可以挤出时间复习。但是多长？一小时？也许有点太长了。

半小时？不——仍然不切实际。15分钟？拜托！这几乎等于什么也做不了。10分钟？好吧，那总比没有好。那么，你能复习多长时间呢？

请写在这里：

....

....

....

....

这是你最低限度的承诺，一周六天*。不管发生什么事情，你都必须坚持每天复习这么长时间。

假设我们承诺每天复习15分钟，我们也可以做到。

因为你以前每周没有花1.5小时用来复习，因此一旦你这么做，就会有效果。同样，如果你写了30分钟，那将是每周3小时用来复习；如果是1小时，那么每周将会有6小时复习，依此类推。

完成不愉快任务的最好方法就是马上开始。

超级棒！

那么，你每天复习15分钟。然后呢？

好吧，如果你没有更多的时间了，那就先按每天15分钟去复习吧。

去做你需要做的事，不要内疚。你已经实现了你的目标，做得好。

但……

你可能会发现15分钟太容易了。你学到了一些东西，你认为你可以复习得再多点，你还有一些时间。太棒了！去做吧！尽你所能——这一切都会有所帮助。你投入的时间越多，你得到的知识就越多。

只要确保你每天都能完成最低限度，这样你就养成了习惯。你会进步的。

每周周末，检查你的目标——你能提高复习时长的最低限度吗？你应该每天做更多吗？你需要吗？

永远要诚实地面对自己。

坚持你的目标。做到最低限度——如果可以的话，多做一点。但一定要做完你之前确定好的时长。

不要争论。享受它吧。

不过说真的，你们中的一些人真的很努力。这很好，但我们都需要一些放松的时间。你也需要休息。

会放松。会"充电"。会回顾已学知识。你会找到乐趣。所以每周放一天假，那是属于你的一天，享受吧！

---

* 这里有个好消息：每周只学6天——至少休息1天。

超会学习的大脑解密

一些专家们认为，我们的注意力持续的时长是我们的年龄加减一两分钟后的时长，这可以作为一个大致的规则。

因此，最好是安排分段复习，每段在15分钟左右。

在1小时内，你可以复习15分钟，然后休息5分钟。

然后再复习15分钟，再休息5分钟。

然后再完成另一个15分钟。

每小时你应该以工作45分钟为目标。一个小时结束后，休息时间稍微长一点，比如10~20分钟，然后重新开始。

但请记住：我们都是不一样的，所以找出最适合你的方式，然后试着坚持下去。

你越去学习，你注意力持续的时间就越长。试着延长你复习的时间——所以从10分钟开始，然后延长到15分钟，然后是20分钟。

切勿尝试一次复习超过45分钟。定时休息——去做一些你喜欢的事情。

> 我总是复习我知道的内容——这让我感觉更好。
>
> ——高中二年级学生

　　复习你已经知道的内容不是复习的正确方法。但是我们中的大多数人都会犯这个错误。

　　我们倾向于复习我们喜欢的科目！

　　为什么？因为这更容易。它让我们感觉更好。它更令人感到愉快。

　　问题是，我们基本上都已经知道这些内容了。

　　所以，我们需要一个结构——能帮助我们复习的工具，一个计划表！我们需要一种方法来确保我们正在复习所有内容。

　　这里有两种创建复习计划的好方法，可以帮助你坚持完成任务并覆盖所有的复习内容。

传统复习计划表

	星期一	星期二	星期三	星期四	星期五	星期六上午	星期六下午
历史	第一次世界大战的原因	凡尔赛条约	国际联盟	"二战"之路	德国，魏玛	俄罗斯 1905—1941	冷战
科学	金属	加热和冷却	电力	石油和燃料	食物链	神经和激素	身体和健康
地理	天气	水域和河流	海岸	移民	旅游	可持续性	全球化
体育	营养	人体	参与	健康和健身	药物	体能分析	安全和风险
英语文学	《萨勒姆的女巫》	《人鼠之间》	《罗密欧与朱丽叶》	诗歌	短篇小说	《动物农场》	
数学/英语历届试卷练习	英语真题		数学真题			英语真题	数学真题
每周重复一次，直到考试							

这很容易。它就像一篇日记。

你要计算出距离考试还有多长时间。

你要确定出你需要学习的内容。

你决定每天要复习的内容。

坚持下去，你会很棒。

缺点：

1. 你可能会花三周的时间来创建复习计划表。用签字笔写来写去。当你完成它时，你可能会意识到已经没有时间复习了。

2. 坚持不下去怎么办？

如果你能坚持下去，这是一个好方法。如果你坚持不下去，那是因为你的生活有点随意或混乱，那么下面的方法可能更适合你。

备选复习计划表

首先，列出你需要复习的所有内容——每个科目中的所有主题。

其次创建一个像上面那样的网格表（框要足够多以便能放下每个主题）。不用列具体的日期——只要留出很多的空白框。

再其次，在每个框里写上一个主题。

在第一个 15 分钟的复习中，选择一个框，复习该主题，完成后划勾并注明日期。然后选择另一个框，复习该主题，划勾并注明日期。

第二天重新回看这些框。再次勾选某主题并和它再来次约会。使用相同的过程复习其他框中的内容并划勾+注明日期。

一旦复习了一个主题后，按照下面的时间间隔，你清楚地知道下次复习需要安排在什么时间：

- 24小时
- 3天
- 1周
- 3周
- 每月一次，直到临近考试

然后在考试之前定期巩固每个主题，并在最后一刻突击复习一下。如果你某天没复习，就从你中断的地方继续。

任何时候你都可以看到：

（a）你已经复习过的内容。

（b）什么时间你需要再次复习某个主题。

（c）你尚未复习的主题。

（d）你是否足够努力。

（e）你是否需要加强你的复习力度。

选择这两种很棒的方法中的一种做计划，并坚持执行下去。

记住：不要只复习你已经知道的内容。

充满创意的复习方法

或者更重要的是，你喜欢怎样学习？正如你所看到的，每个人都是不同的，并且喜欢以不同的方式学习/复习。下列描述中哪一个更适合你？

（a）我喜欢看——图表、列表、图片、示意图。我喜欢以视觉方式呈现信息。

（b）我喜欢有人给我讲解。我喜欢听或读。我喜欢用文字和语言给我呈现信息。

如果你选了（a），那么当学习/复习资料中有很多图片时你会学得最好。对你来说，这包括思维导图、小漫画、视频和图片等。你可能会被本书中的图片所吸引，但不会过多地关注文字段落。

如果你选了（b），适合你的最佳学习方式是读和听。把书给你，你就能解决问题。你喜欢说明性文字。当你看到文字，你就能明

白是怎么回事。你不费吹灰之力就能读懂本书中较长的段落。

如果你选了（a），请提高你倾听的能力。尝试记笔记并讲给其他人听。专注于老师正在讲什么——提出问题并写出关键词。

如果你选了（b），请尝试用视觉化的形式来总结信息。再次复习时你会更快地掌握这些内容。边做边尝试涂涂写写或画思维导图。还可以用上颜色标示。

那下面这两种说法，哪一个更适合你呢？

（a）我喜欢边做边学。我享受尝试错误的过程。我属于实践型。我喜欢与他人合作解决问题。

（b）我更喜欢反思和深入思考。我喜欢寻找证据并得出自己的结论。我更喜欢自己独立解决问题。

如果你倾向于（a），你会发现自己很难独自复习。你更喜欢动手类的复习策略，并喜欢在学习小组中学习。独自复习时，你发现自己经常会开小差去做其他事情。

如果你倾向于（b），你会更喜欢一个人复习而且效率更高。你并不介意一个人待着。实际上，当你想要学习时，周围有其他人会让你分心和烦恼。

感官学习法

你拥有五种不同的感官，复习时别忘了用上它们。

1. 视觉——善用图片、涂涂写写、视频、图像、文字、图表、线条、颜色、绘画。

2. 听觉——讲解、听别人讲、听音乐，把内容编成歌曲或有韵律的文字能帮助你记忆。

3. 嗅觉——学习时点上香薰蜡烛，用有香味的笔，在隔壁房间冲泡休息时会喝的咖啡，用带香味的纸。

4. 味觉——在学习的时候用零食或糖果犒劳自己，吃水果补脑！

5. 触觉——使用压力球，喜欢的坐垫，摆弄问答卡，边走边思考，边玩球类游戏边展开思考。

做笔记

做笔记时，请确保包含一系列视觉刺激元素：

- 单词图片
- 下划线
- 思维导图（附图片）
- 涂涂写写
- 记忆闪卡
- 高亮显示
- 各种颜色标记
- 便签

时间线

这里有一个好方法……

罗马人入侵英国——在英格兰和苏格兰之间修建了很多道路和一堵高墙

罗马人离开——英国进入黑暗时代。道路变糟，马蹄克变少。

中世纪。卫生问题影响着英国。

亨利八世成为国王，妻子们变得焦虑，然后他的孩子们继承了他的王位：爱德华、玛丽和伊丽莎白一世——英格兰迎来了黄金时代。

安妮女王之后，很多叫乔治的小伙子登上了王位。建筑物开始变得美观。

查理二世从法国回来。英格兰取消禁舞。

内战。查理一世被斩首，奥利弗·克伦威尔禁止跳舞。

英国政府与拿破仑大吵一架。英格兰与法国再次闹翻了。

维多利亚长期当权，建立大英帝国。工业时代开始了。

第一次世界大战。对每个人来说都是非常糟糕的时期。

"二战"。我们学的还不够多吗？

战后，伊丽莎白二世继承王位。

今天！

在纸上画出连成一条线的时间点。这能有效地帮你绘制出以下内容：

○ 河流的流动方式或河谷的延伸方向。

○ 小说的情节。

○ 历史事件。

○ 一个科学实验的流程。

○ 某个人物在历史或文学中的发展。

参考前文"让学习更有趣的7种方法"。

你已经学完了一个主题？用创造性的方式测试自己是件好事。这有助于你坚持下去。

那么，下面有一个从 A 到 Z 的列表。一旦你学完了一个主题，试着以每个字母作为首字母写下一些关于该主题的内容＊。

有些字母很容易，有些字母很难。但是通过尝试，用每个字母想一些相关内容，你会记住更多，创意与你同在。

试一试……

A ....

B ....

C ....

D ....

E ....

F ....

G ....

H ....

I ....

J ....

＊ 这里列举了一种充满创意的复习方法，读者还可以结合实际，发挥想象力，创造出自己独特的复习方法，如1—10数字提示法。——编者注

K ....

L ....

M ....

N ....

O ....

P ....

Q ....

R ....

S ....

T ....

U ....

V ....

W ....

X ....

Y ....

Z ....

拥抱你内在的艺术家

巴兹是位好画手。他也喜欢动物，所以他画了一张动物园的巨幅画。

然后他在画上写了一些复习笔记。

他把那些不想忘记的伟大想法写在大象周围（因为大象的记忆力惊人）。

将最聪明的想法记在火烈鸟旁边，傻乎乎但重要的内容从猴子身边经过，要记住的短语是鹦鹉写的，猫鼬围栏中是需要注意的关键点，等等。

巴兹每天都会添加在学校学到的新内容到图画中，并把它带回家贴在墙上。他会测试自己是否能记住他在哪里写了哪些内容。

考试结束后，巴兹说："我能清楚地记得我在哪个动物旁边写了什么。"

这个方法之所以有效，是因为下面四个原因：

1. 结构化（Structure）——所有学习都需要结构化组织。这就是为什么教师要写教案而复习的人需要做复习计划的原因。这里的组织体系是动物园。

2. 形象化（Imagery）——因为图像令人难忘。如果我们可以将图像与事实联系起来，学习效果会更好。

3. 有趣（Fun）——如果我们喜欢某事，我们就会学习它。

4. 温习（Review）——来自拉丁语，字面意思是"浏览"。我们浏览得越多，温习得越多，我们记住得也越多。

这是古希腊人的古老智慧，由圣托马斯·阿奎那（St Thomas Aquinas）提炼出来，代代相传。

在墙上贴一些大海报式的复习计划表。随着复习的进展，不断添加内容。表中可以使用大量的颜色和图片。

蒂姆说：

我遇到的一个女生告诉我，她房间的墙上有一张她最喜欢的流行歌星的巨幅海报。当她做复习笔记时，就直接写在海报上。于是，她记得她写了什么，写在哪里！

同班的一个男生听后宣布从现在开始他将在他的《圣橡镇少年》的美女日历上做复习笔记！

如果做了，就会有效。

你可以做同样的事情：今天和你最喜欢的明星"一起复习"。

掰开分享！

一起学习是个好方法。

问题被分享出来，问题就减半了。

所以，分工合作，集思广益。你学这一点，你的伙伴学另一点。

然后一起回来互相教。这样学你会掌握得很好，因为：

（a）你必须教会别人。

（b）向朋友学习比自己学习更容易。

然而，花时间独处也很重要。如果你找到一个安静的地方，埋头在自己的世界里去研究它，有些事情会变得容易得多。

为了有效地复习，穿插使用单独学习和与他人合作学习的方式吧。

看！听！讲！做！

写一篇文章的8个步骤：夏洛克·福尔摩斯法

复习时，你还需要准备作文和论文的资料。如果你还是学生，你可能会被要求以写论文的方式展示你的学习效果。这里有一种对这类复习内容进行规划的实用方法。

1. **开始（Start）**——研究问题。首先确保你真的理解了这个问题。问题中是否有任何令你困惑或模棱两可的内容？只有当你真正理解了所要研究的问题时，再开始为你的主题搜集资料。

2. **驾驭（Harness）**——带着疑惑去寻找证据吧。想象一下，你是夏洛克·福尔摩斯，伦敦的每个雾蒙蒙的角落都在你的搜索范围内。坚定地去收集每一个相关的事实或信息，使用互联网、学术数据库、图书馆和DVD。当你收集证据时，保持好奇和着迷的心情状态。

3. **评估（Evaluate）**——假设你已将收集到的所有信息送到实验室进行取证分析。福尔摩斯是自己做了这些事情，因为在他所在的那个年代，还没有犯罪现场调查小组。有逻辑地组织信息。是否可以发现什么明显的组织结构，例如支持和反对，或按时间线顺序的结构？作文的题目通常会暗示某种组织结构。寻找你的知识空白，然后返回上一步去填补这些空白。

4. **反思（Reflect）**——每个侦探都会思考证据。他们会退后一步，让碎片落到相应的位置上。从不同的角度问自己有关该主题的问题。到目前为止，关于你的想法，戏剧中的人物会怎么说？关于你的论文，电视记者会问你什么？选出你最好的想法。你的主要观点是什么？暂时停止思考这篇文章——如果你给自己一点空间，新的想法可能会浮出水面。

5．列表（List）——在纸上总结你的想法。使用小标题的方式列出你论文的要点。如果你在卡片或便签上写要点，则可以在必要时更改卡片或便签的位置，用来改变要点顺序。确保这个过程是动态可变的，把不合适的东西拿掉。将你读过的所有内容都挤进论文中的想法可能是很理想化的，如果不太相关，最好将其省略。

6．讲述（Oral）——让文章保持新颖的一个好方法是想象你正在向一群值得信赖的朋友表达你的想法，这些朋友不熟悉内容，但有足够的兴趣倾听你的想法。夏洛克·福尔摩斯会让华生博士担任这个角色。

7．组块（Chunk）——每块信息都应该在单独的段落中呈现。这些是支持你论点的论据。在每个相关的要点中，至少要包含一个论据来支持它。如果论据是有争议的和有相反观点的，就照实说吧。如果你可以添加统计数据和引述，这些将会支持你的论据。

8．保持（Keep）——一直保持专注直到项目结束。总结你的想法。如果适用，请说明你赞成哪一方的论点。用一个重要的观点、引用一段话或有趣的统计数据结束。

通读全文，纠正语法，使句子流畅并梳理文章结构平衡。通过校对的方式来避免一些明显的错误。通过倒着阅读句子来检查拼写错误，因为这样我们可以更好地看到单个字词。用老师认可的索引系统充分查阅资料（考试中除外）。

这是最基本的方法，我亲爱的"华生"！

拼写

以下是10个易错单词的正确拼写：

- Acceptable
- Acquire
- Column
- Foreign
- Experience
- Inoculate
- Library
- Medieval
- Relevant
- Weird

你能应用本章中讲述的一些方法来学习这些单词吗？

初三学生乔纳森（就读于英格兰北约克郡的巴尔比高中）注意到图书馆"library"这个词中有一个"胸罩（bra）"。他写下这个单词并画出了一个令人折服的胸罩。

"b"和"a"则变成了罩杯！

如何用手指复习？

指着你的嘴发出"Deeerrrrrrr"的音，怎么傻怎么做。我们移民是为了教育！之所以迁徙是为了接受更好的教育。

将这根手指弯曲对折，让它看起来好像有一半消失了。移民的手指为什么断了一截？好吧，在一场严重的工业事故中移民失去了中指！是的，他们迁徙是为了工作。

会在无名指上戴什么？结婚戒指！那意味着什么？婚姻！那代表什么？是爱？不！是苦难和艰辛。在这里是无名指代表战争、饥荒、瘟疫、疾病、洪水、地震……所有这些迫使人们迁徙的灾难。

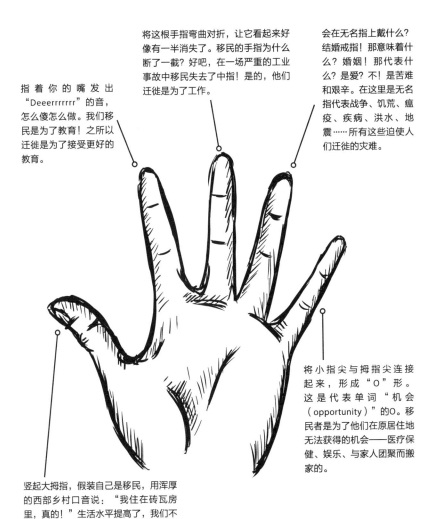

将小指尖与拇指尖连接起来，形成"O"形。这是代表单词"机会（opportunity）"的O。移民者是为了他们在原居住地无法获得的机会——医疗保健、娱乐、与家人团聚而搬家的。

竖起大拇指，假装自己是移民，用浑厚的西部乡村口音说："我住在砖瓦房里，真的！"生活水平提高了，我们不再住在乡下的泥巴房里，而是搬到了更好的房子里，过上了更好的生活。

注：用手指复习"移民"这个主题

151

你还能用一只手做什么其他动作吗？你可以做
"推"或"拉"的动作。

有一些因素会"推"着人们移民（例如灾难），
也有一些因素会"拉"着他们移民（例如
工作机会、更好的生活水平）。

像这样用手学习的方式，你还能学
到什么？

索引卡

明信片大小的卡片非常适合做索引卡。你有两种使用它们的方式：

1. 总结关键点——它们便于随身携带，一旦你学完了某一个主
题，你就可以把你学到的东西精炼地写在明信片的背面。

2. 一面写问题，一面写答案——然后请别人拿着卡来测试你。

你可以把你的卡片借给朋友，他们也可以把他们的卡片借给你。
你们互相提问并分享所学的知识。

> 有时我会想"朋友是什么",然后我会说,
> "朋友是可以分享最后一块饼干的人"。
>
> ——甜饼怪《芝麻街动画片》

学习伙伴

三个臭皮匠顶一个诸葛亮!

寻找和你学习同样内容并愿意成为彼此学习伙伴的人。

从本质上讲,他们是你的"赞助商"。

如果你不干活,他们有权训你一顿。

他们可以考你。

你们可以一起复习。

你们可以共享资源。

不要独自学习,找个学习伙伴!每个人都需要一个好朋友来帮助他们。

你的学习伙伴对你来说很重要,你觉得他们更像你的什么?

问题,问题,问题(希望还有答案!)

考试都是关于问题的。找到一些往届的试卷并练习。

为什么不找10个你还不能回答的问题,然后在一张纸上用大字写下这些问题呢?也可以把它贴在你屋子的墙上。

在复习的过程中,经常回顾这些问题,想想你是否能回答它们以及知道如何回答。

使用手机的10种聪明方法

1. 复习伙伴（Revision Buddies）* ——这是众多可以下载的帮助复习的应用App之一。它提供了来自不同教学大纲和往届试卷题目的多项选择练习题，可以随时随地复习！你还可以试试 Collins Revision App、Learner's Cloud、GCSE Pod 或 Ultimate Revision App。许多新上线的复习应用App随处都有，因此，它们能帮助你随时随地搜索、下载复习资料和坚持复习。

2. 有声读物——下载有声读物。在公交车、汽车或地铁上听。

3. 印象笔记（Evernote）——这个应用程序让你可以将笔记保存在一个线上空间，可以添加网页链接、照片等，并在不同平台（例如手机、平板电脑、笔记本电脑）上使用它们。

4. 简单思维（Simple Mind）——这个应用程序是一种思维导图工具，可将你的手机变成头脑风暴、激发创意和创新思想的设备。使用它，使思维导图尽在手中！

5. 音乐播放器——制作音频笔记，然后将它们放到你喜欢的音乐播放列表中：放几首歌，放一点儿学习音频，再放几首歌，再放一点学习音频，如此类推。

* 这里推荐了一些国外的助学App，中国读者可以搜索一些跟自己学习相关的App。——编者注

6. 给你的朋友发推文——提炼出140个字符的知识小推文是一种帮助学习的好方法。可以和几个朋友建个群并彼此分享知识。

7. iTunes播放器——复习五首歌曲的时间，然后休息两首歌曲的时间。重复这样做。

8. 录像——把老师讲课中的一些非常重要的内容录成视频，重复观看。

9. 计时器——将你的计时器设置为15分钟。复习15分钟，然后休息5分钟。根据需要重复。

10. Kindle——将学习文档存在你的Kindle上，以便你在闲暇时阅读。还可以使用Newsstand App，可以帮助你扩展自己的知识库。

现在请再想5个用手机复习的妙用：

1. ....
2. ....
3. ....
4. ....
5. ....

看到它！记住它！

你需要学习身体上的骨骼名称吗？

简单！制作一个骨架（你需要卡片和订书钉），然后给它贴上标签。制作的过程将帮助你记住骨骼组合在一起的方式。或者在万圣节买一个成品——前提是它符合解剖学原理。

把它贴在厕所门背后。

当你用牙线清洁牙齿、洗脸和挤痘痘的时候，你会看到这幅骨架，一段时间后，你就会对所有人体骨骼都很熟悉了。

蒂姆说：

我们家里有一个浴帘，上面有一张世界地图。自从把它挂在那之后，我的世界地理就变得更好了。斯瓦尔巴群岛（Svalbard）？是的，是的，这是一个真实的地方，不只是在菲利普·普尔曼（Philip Pullman）的"黑质三部曲"系列小说中出现，它是真实存在的，而且我还知道它在哪里！圭亚那（Guyana）？是的！塔吉克斯坦（Tajikistan）？不是那个，是乌兹别克斯坦（Uzbekistan）！密克罗尼西亚（Micronesia）？是的！它是太平洋上的群岛！我没有专门复习——就这样记住了！

便利贴

把要记的内容写或画在便利贴上，然后把它们放在你能看到的地方。日复一日地看到它们会帮助你记住它们。

贴在饼干罐上？试试！

贴在冰箱门上？试试！

贴在你房间里的镜子上？试试！

贴在衣柜门上？试试！

贴在爸爸的大秃头上？最好不要！

157

晚安晚安！早上好！

这是一个简单的"学贵有法，在巧不在力"的方法：

1. 拿一张索引卡或明信片。

2. 在上面画/写下你需要学习的内容。

3. 把它放在你的床边。

4. 睡前看看。

5. 醒来时看看。

6. 学会了就换一张。

有用的复习工具包

- 纸
- 笔
- 彩笔
- 记事本
- 大纸（糖纸或类似的包装纸）
- 便利贴
- 日志本（上面标有相关日期，这样你就知道离交各科作业分别还剩下多长时间）
- 索引卡
- 环形活页夹，每门课都用分隔页隔开（或每门课用一个环形活页夹，每个主题都用分隔页隔开）

有些针对特定科目的学习指南也会有所帮助。你打算如何支付这些工具的费用呢？你有计划吗？

语言学习注意事项

以下是复习现代外语（MFL）* 这门课程（笔试和口试）时的一些有用的提示：

- 制作提示卡用来帮助你学习词汇。找人定期给你做测试。

- 试着每天记5个你正在学习的单词。确保拼写和发音的正确。

- 用便签给家里的物品都贴上词汇标签。

- 尽可能利用电视、广播和电影多听所学的语言。看带字幕的外语电影可能会有所帮助。先试试看不带字幕的，检测你能理解多少？你能识别关键短语或单词吗？

- 购买该语言的报纸或杂志。随身携带一本字典，看看你能读懂多少。

- 将熟练掌握该语言的人分享的关于可能会被考到的问题及其答案录在你的手机里。同步到你的MP3播放器的播放列表中。一直听，直到你真正熟悉为止。

- 录下你自己的答案，自己听一听，看看你的发音如何。你的发音可能会听起来很奇怪。当你回答问题时，表达是流利的还是犹豫不决的？你的发音怎么样？

---

* MFL（Modern foreign languages）英国普通中等教育证书（GCSE）的考试科目之一，GCSE相当于初中毕业证。

- 使用在线字谜生成器创建自己的顺口溜。

- 使用思维导图或蜘蛛图来组织同一主题下的关键词和短语。从把主题放在中间开始，然后尽可能多地扩展相关材料。使用大量的小插图来提高学习效果，帮助你牢牢记住相关词汇。

- 在阅读考试中，始终要寻找同源词（看起来与英语单词相似的单词）。这可以帮助你弄明白文章说的是什么。

- 确保你知道大量的连词（例如，但是、尤其是、然而、因此、因为……当然指的是你所学的语言中的这类单词），因为这些词有助于将你的答案扩展成更复杂的句子。

- 对于听力考试，复习那些在一段话后常紧跟其后的表达积极或消极的词语（例如，不幸的是，特别是）。这些词对你理解听力题会很有用，因为当你听到它们时，你就会知道答案即将到来。

- 在"完型填空"练习中，始终要明确你是需要名词、动词、形容词还是副词。如果你在法语中需要一个名词或形容词，要考虑它是阳性词还是阴性词，是单数还是复数？如果你正要用一个动词，要考虑这个词的后缀是什么？会是什么时态？

- 写作时，请检查你的语言是否包含过去、现在和将来这些时态。这将表明你对语言的熟练掌握程度。

- 检查你的答案中是否包含了观点和理由。

- 对于口语考试，请确保你就论题的正反观点都能说出几个论点（例如支持或反对种族融合）。

不断减小的圆圈

在复习刚开始时，你应该会有很多笔记。事实上可以说是满负荷地复习。

你需要把所有这些东西都记在脑子里。因此，当你复习完一个主题时，请执行以下操作：

1. 拿一张纸和一个大盘子。
2. 沿着盘子边在纸上画个圈。
3. 在这个圈里写/画尽可能多的想法。重要的东西是什么？有哪些细节？哪些是关键词？可以使用图片和颜色做标注。用彩笔突出并画线标出重要的部分。随着你复习的深入，你需要写/画的内容会减少。只需要用更少的笔记和图片就足以提醒你想起相同数量的细节。
4. 稍后，拿一张纸和一个小盘子。
5. 画个圈。
6. 再次在圈里写/画同一主题的内容，但这次你的空间变小了。你需要减少写/画的内容，但希望你仍能记住所有的最开始记住的细节，包括那些这次你没写/画进来的内容。
7. 稍后，拿一张纸和一个杯子。
8. 绕着杯子边画个圈。
9. 做和以前一样的事情——把你需要被提醒的重要内容写/画在这个杯子圈里，不要出圈，但仍要确保你记得所有内容，包括你没有写/画下的内容（也包括你之前写/画过的）。

圆圈越来越小。你记录的内容也越来越少。现在你只需要更少的单词就能想起更多的细节。

你能进一步减小圆圈吗？你能只用在一个鸡蛋大小的圆圈里写/画的内容就想起所有需要记忆的内容吗？

明白了吗？复习是关于线索提取的活动。看看什么线索会触发你的回忆？

试着用下一页里的三个圆圈来复习你已经从这本书中学到的东西。

听到它！记住它！

有些人喜欢在复习时听音乐，有些人不喜欢。

如果你是前者，为什么不现在就在这里创建一个终极版本的复习专用音乐播放列表呢？你的前10首曲目是什么？

写下来。然后制作成播放列表。

1. ....

2. ....

3. ....

4. ....

5. ....

6. ....

7. ....

8. ....

9. ....

10. ....

现在尝试修改它。

也许可以用在边走路边听时。创建播放列表，在曲目之间添加一些复习音频。

请记住：你的大脑会发现它很难同时处理两件事，所以如果你在试图记住烦琐的学习内容时听音乐，它可能真的会拖你的后腿。

选择复习方式时要动脑哟！

你在哪里学习？

让我们玩玩单词联想游戏。如果我说"床"，你首先想到的是什么？

大多数人会想到"睡觉"，因为你的床与学习无关。

所以，如果你躺在床上复习，你并没有真正向你的大脑发送正确的潜意识信息。

你大脑可能在想："这是一个舒服的地方，可以在这里复习！"

你的身体却在想：'哦！床！是时候该睡一觉了！"

用不了多久，你的眼皮就会变得沉重，然后就睡着了。

"我必须弄清楚这个非常棘手的话题……哦，但床好舒服……Zzzzzzzzzzzzz。"

如果你在睡觉，你复习不了多少内容！而且，你晚上也会睡得不好，这会导致更多的问题。

同样的道理，在有很多靠垫的又大又软的沙发上复习也会遇到这个问题。

你应该在哪里学习？

找一个安静的地方，远离干扰源。

坐在椅子上，最好是书桌或圆桌前。

带齐你需要用到的东西，这样你就无须起来走动并浪费时间去找东西。这会占用你的学习时间。

在能看到的地方准备好手表或时钟，这样你就知道什么时候该休息了。

不要开小差去做不重要的事情。

关闭手机或将其设置为静音模式并把它放在够不到的地方。

集中注意力。做学习该做的事情。

计划你的复习时段

只是坐在桌前，盯着你的笔记？试一试用15分钟的复习时长来把复习时间进行分块，让复习更顺畅。下面是一个如何将1小时复习时长进行分块复习的方法。

第一个时段

前 5 分钟：回顾你昨天学到的内容（最好在 24 小时内进行回顾）。

接下来的 5 分钟：看看新的内容。先略读所有内容，获得一个粗略的印象，然后你可以在下一个时间段更细致地查看这些内容。随手记下关键词、要点、图像。

接下来的 3 分钟：回忆你写/画的内容。

最后的 2 分钟：在复习日志（或笔记本）中，凭记忆记下你学到的3个关键内容。

休息一下。

第二个时段

前 5 分钟：回顾前 15 分钟所学的内容。

接下来的 8 分钟：自我测试。列出要记住的前 10 件事；根据记忆画出图表；简化关键词直到圆圈只有硬币那么大；制作 Mp3 文件以供日后收听；查看往届试卷或使用在本书中看到的任何其他学习策略来复习。

最后 2 分钟：写下另外 3 个关键点。

休息一下。

第三个时段

前 5 分钟：用思维导图画出所有在前两个时间段中学习过且记住了的内容。

接下来的 5 分钟：回看你的笔记并将你漏掉的内容添加到思维导图中。

最后 5 分钟：凭记忆，再次试着绘制思维导图。

你可能会发现这里的时间不够长。没关系——根据情况调整一下。你可能会发现你更需要一个 20~25 分钟而不是 15 分钟的时间段。

因为有很多不同类型的事情可以做，所以不用担心 1 小时太长——你应该能够轻松集中注意力。

在下面做出你的1小时计划:

时段 1:

....

....

时段 2:

....

....

时段 3:

....

....

....

....

....

> 不是我有多聪明，而是我和问题相处的时间更长。
>
> ——阿尔伯特·爱因斯坦
>
> （Albert Einstein）

利用社交网络复习的 8种有益方式

1. 文字信息。每个人都需要一位学习伙伴，他/她是监督我们并确保我们正常学习的人。"喂！你今天复习了吗？我做了。继续加油啊！"发送给对方。

2. 在社交平台上添加标签，标注你的复习成果。如果你学了点什么，并能将它提炼为140个字，那就表示你确实学会了！把这个推送给其他人。在分享复习提示和要点时设置好标签（例如#地理-欧洲篇、#英语—四级）。

3. 在你的主页上分享有用的视频。

4. 召开线上复习会议。你在家，你的同学也在家——你们复习的时候可以进入网络会议室，并互相测试。

5. 聊天室。复习时卡住了？去问问别人。

6. 查找往届试卷问题并发送给朋友。请他们说说他们会如何回答，然后参考他们的答案。

7. 在线上报纸或杂志上搜索文章——这将使你对该主题有更深入的了解。

8. 互相发送你们的复习笔记图片——也许可以发在社交平台"阅后即焚"照片分享应用软件（Snapchat）上。

艾森豪威尔矩阵：帮你用好时间

下图就是艾森豪威尔矩阵（因为这位美国前任总统说了前面那句著名的话，所以以此命名）——它是一个被划分为四个象限的正方形，每个象限内的信息如下：

大多数活动都能对应这四个象限的某一个。让我们依次了解这四个象限。

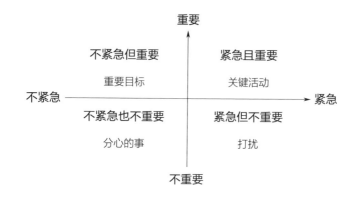

紧急的事情很少重要，重要的事情很少紧急。

——德怀特·艾森豪威尔
（Dwight Eisenhower）

不紧急但重要

这类事情一般是你想要实现的目标，是你为自己设定的目标。这个目标可能是获得某种成就。

你的考试不是明天（希望如此），因此，目前它们不是紧急需要处理的。但是，它们很重要。因此对待这类事情的正确做法是单次投入的时间少，但需要持续地做。我们一点一点地复习，努力获得牢固的知识和良好的技能。

这里有另一个例子：假设你想成为一名出色的足球运动员。想要实现这一目标，一方面与你的体格有关，但更主要的是与训练有关。为了成为好球员你必须定期训练，而不是在比赛前只做一点训练。

紧急且重要

也许你明天就要考试了！那么现在考试这件事很紧急，而且也很重要。

如果之前你没有做充足准备，那你就会进入到最后一刻的恐慌式复习中。这并不利于你的考试。考前突击是可以的，但真正的考前突击应该是巩固你的笔记内容，检查你是否对所有内容都充满信心。

理想的状态是，当紧急而重要的事情到了最后关头时，你其实已经做好了准备，即将完成。这是最后一刻的调整和整合。这次复习的意义是锦上添花。

这是赛前的热身和誓师的时间，这是与团队分享战术的时间，是用来查缺补漏的时间。

对于论文，截止日期即将到来之际，不是通宵赶论文的时间，而是重读一遍以确保它是你最好的作品。

紧急但不重要

假设你正要坐下来复习，这时你的手机发出哔哔声，是你朋友发来的叫你出去玩的消息。

现在你纠结了。你想去，但你也需要复习。你忽略了这条短信。

他们接着给你发消息，然后他们会在脸书上给你发消息，还发了电子邮件给你。然后他们给你打电话。最后，你听到门铃响，他们就在你家门口。啊啊啊！这样的邀请你很难摆脱。通信技术的进步意味着我们处于随时待命的状态。

总有某人或某事需要我们注意。这些事情打断了我们的计划，使我们无法完成任务。

在《爱丽丝梦游仙境》中，爱丽丝被一个写着"喝我"的瓶子诱惑。有些日子里，你的游戏机上面也可能会写着"玩我"！

有时我们需要抵制诱惑，有时我们需要按先后顺序考虑，我们需要说"不"。

我们需要做正确的事。

如果你不学会这样做，你会发现自己总是处于紧急且不重要的框框里，无法做好准备。

记住：如果你没有准备好，你就准备面对失败吧。

不紧急也不重要

分心并不总是坏事。你需要休息，并做一些事情帮助自己放松。比如，和朋友一起出去玩，看肥皂剧，玩电脑游戏。

这些都很好，在压力很大的一年里，抽出时间放松很重要。

但是，如果你还没有完成你的工作，你的脑海中就会有一个声音告诉你，你不应该休息和放松。

这时需要放下愧疚感。如果不这样，你就不能完全享受放松的状态。先完成你手头紧急且重要的工作，然后你就可以毫无愧疚地去放松了。

编写你自己的笔记符号

当你按照自己的方式复习笔记时，你需要给所记录的内容做一些注释。

也许你会使用荧光笔或下划线。你可以只是把注释内容添加到你现有的笔记中。

最好使用不同的颜色和特定的符号。这里有些例子：

K   关键点。

L   稍后再回看一下。

?   我不明白——需要询问其他人。

***   背诵这部分。

✓   我学会了！

科学地重复

根据艾宾浩斯遗忘曲线改编

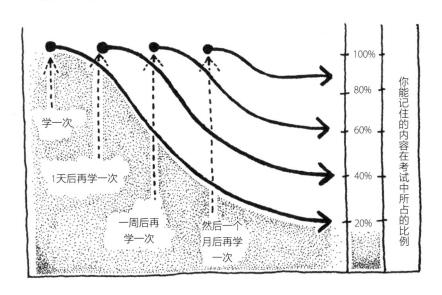

学一次

1天后再学一次

一周后再学一次

然后一个月后再学一次

100%
80%
60%
40%
20%

你能记住的内容在考试中所占的比例

六月

多久之后复习

● 一天

● 一周

● 一个月

● 在考试之前，你会记得大部分内容！

心理学家赫尔曼·艾宾浩斯（Hermann Ebbinghaus）：1850—1909

CATS学习法

这里有个方法可以帮助你记住本章的学习要点：

创造力（Creativity）——不要只盯着书看。试着在你的复习过程中做一些有创意的事情：画一张思维导图，做一些卡片或一张海报，给朋友发微博，制作一个关于学习内容的Mp3文件。使用本书中建议的适合你的学习方法。如果你有自己的学习方法，那是更好的。

态度（Attitude）——你认为你能做到吗？如果你相信你能做到，你就更有可能实现目标。事实证明，努力和积极的学习态度可以让学生在考试中取得好成绩。

态度差通常表现为：不相信自己有能力；不做努力，就指望"临场发挥"；不在乎自己怎么做，妄想一切都会好起来，并认为自己不需要好成绩。理智点！你需要端正态度。

时间（Time）——规划你的时间。如果你没有规划，你就是在坐以待毙。把你的复习时长分成15分钟/次的时间段（我们的注意力每次持续15~20分钟，之后我们的思绪容易被分散）。

为每天设定最低限度的复习时间。可能是 15 分钟、30 分钟、1个小时或2个小时。但是一旦你确定了这个时间，就要坚持下去。

创建一个复习计划表（请参阅第111~112 页上的两个好方法）。

优势（Strengths）——发挥你的优势，努力减少你的劣势。

你是在放学后立即学习效果好，还是稍后的晚上学习效果好？你一早开始学习效果会更好吗？你是适合单独学习还是适合与他人一起学习？你觉得涂涂写写是种帮助还是阻碍？

上网是在帮助你复习，还是会让你跑去玩游戏、刷社交网站，浪费时间？

如果你的游戏机是一个巨大的干扰，请在学习时拔掉它的电源。我知道有个学生将他的游戏机带到学校并请他的老师把它锁起来直到考试结束！

学贵有法，在巧不在力。

使用CATS学习法！

少做，但常做……

没用的办法（可能）

1. 把课本或笔记放在枕头下，要是这真的有用就好了……

2. 把你的信仰写下来放在你的幸运文具盒里或是放在幸运物旁。或者穿上你的幸运裤！这不是在参加大学挑战赛！

3. 相信运气、宇宙的仁慈、命运或奇怪的逻辑，例如"我应该能考得很好，因为奶奶摔倒后我照顾了她"或"我去年夏天在刺猬保护区做志愿者"（你仍然可以继续做这些事情）。

4. 戴上眼镜看起来更聪明，这样能释放出你内在的天赋（注意：戴别人的眼镜会严重影响你在考场或去考场途中的正常表现）。

5. 在学校里闲逛，希望能在餐厅里吸收那些聪明且勤奋的人的知识和智慧。

6. 留着蓬松的教授头型，穿实验服。准备所有的装备——没什么用。

7. 许愿——"我希望我会考得很好……"。

8. 拥有一只幸运兔脚。让我们面对现实吧——至少它对这只兔子的幸运没起作用。

9. 边睡边听复习资料。这个方法还没有定论，最好不要冒险。

一页复习小贴士

- 复习是你的事情——而不是你的老师或你父母的事情。是你的！继续吧！

- 你在一门学科上学得越差，你就越需要在上面努力。不要只复习你喜欢的科目。

- 复习的要点越多越好，这将让你在考试中有更多的解题思路。

- 你学习得越多，结果就会越好。

- 多做练习题。当你学完一门学科后，做一做以往的试卷。

- 不要害怕寻求帮助或找人来测试你。

- 如果学校正在开设额外的复习班（肯定有），那就去吧。

- 复习学习内容的最佳时间是在你即将忘记它之前！一开始，可能是几分钟，然后是几小时，然后是几天，再然后是几周和几个月！这被称为间隔重复，十分有效。

- 睡一觉——在睡觉时，你的大脑会处理复习内容并备份记忆。在复习期间，你需要充足的睡眠，这样大脑才能整理出这些新信息。当我们重复学习时，大脑会意识到这是重要的信息，并会在睡眠期间将其发送到我们的长期记忆库中。这就是为什么你可能在一天结束时认为"我什么都不记得了"，但是当你第二天醒来时，一切都还在脑海里的原因。

- 如果你能与你正在复习的内容建立起情感联系，你就更有可能记住它们了（请参阅第46页"RING！（学习环）"）。

- 不要只是一遍又一遍地阅读笔记，灵活点。

- 从你不喜欢的科目开始，以你喜欢的科目结束。

总结

请勾选你同意的内容：

☐ 复习是个性化的——对别人有用的复习方案对自己不一定有用。

☐ 你需要一份计划——创建一个复习计划表。

☐ 与他人合作。

☐ 复习应该是灵活的——看、听、说、做！

☐ 定时休息。

☐ 找人考考你。

☐ 教其他人。

☐ 图像和绘画会有所帮助。

☐ 分时间段复习。

☐ 开始是最困难的事情——做点什么，不管多少，开始就行。

☐ 尽早开始。

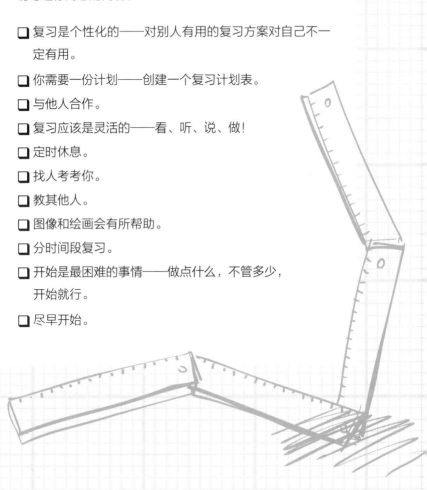

第 5 章
恰当的练习——应对考试的方法

十大考试技巧

以下10大技巧出自阅卷老师给出的建议，主要针对数学和科学类题型和论述题。有些试卷会同时包括这两种题型（好狠！），所以如果需要的话，两种都看看。

1. 在审题之前计划好你的时间

你要做的第一件事是确保自己知道考题的形式。老师通常在考前会告诉你考题形式，因为考题形式经常与往年重复。你可能已经进行了模拟考试。假如你做了很多模拟练习题，甚至开始厌倦了，这意味着你已经准备好了。在正式考试之前，你需要知道最好的战术。

例如，如果考试时长60分钟，有40道题——通常情况下，考卷前面的题比较容易，之后逐渐增加难度，每道题后面都会显示该题对应的分值。

仔细阅读整个试卷。在动笔前先花5分钟通读试卷。在这5分钟里，弄清楚你要回答哪些问题，你要按照什么顺序回答这些问题，以及你要花多少时间回答每个问题。

制订答题计划时，请仔细看清楚题目的分值分布（见下面第4点）。在答题卡的背面写下计划——完成答卷后可以随时将其划掉。这将帮助你将考试过程和情绪变得可控、平静和专注。

2. 选择更容易得分的论述题

不要仅仅因为某个主题是你最了解的，就选择仅仅用这个主题的知识去回答这道论述题。这可能是一道非常难处理的题。你确定你能只用了解的知识去回答吗？你可以回答哪些部分？它是否要求将这个主题与另一个你一无所知的主题进行比较作答？你认为你能答对多少分的内容？有没有一道更简单的题，虽然你学得没那么好但可以得更多分数呢？花一两分钟的时间选择完成度最高的题来回答，让它帮助你得到更高的总分。

阅读整道题目也很重要，因为许多问题会引导你解决问题（例如，第二部分的内容包括了第一部分的答案）或提示你构建答案的正确方法。确保你找出题目中暗含的，考官希望考察你的知识点。

大卫说：

一位考官最近告诉我，他经常会在阅卷时遇到答题跑题的学生。他们把时间浪费在堆砌那些完全拿不到分的"答案"上。而事实上，这份试卷上常常有另一道题可以让他们得更多的分数。

同样常见的是在一道清楚地标着分值1分的题目后面长篇累牍地进行回答。一些学生都写到了答卷的其他空白处，或者为了让自己写得下，把字写得越来越小。其实，答卷上每道题后所留的空白位置大小就是答案所需长度的重要线索。你在双倍浪费你的时间，因为你多写的东西不会给你额外的分数，而且还占用了你的时间。

你的目标是在整张试卷上获得最好的分数，而不仅仅是在你此刻正在做的这道题上。你的时间计划可以灵活一点儿，但是如果你确实在某道题上花了更多的时间，试着稍后加快一点速度（同时，请注意避免犯错）。

3. 先做最简单的题

没有规定要求你必须按照试卷上的顺序答题。考试时，先从几道你会的题目开始作答，可以极大地增强信心，并可以帮助你在接下来的考试时间里进入心流状态。当你遇到更难的题目时，深吸一口气，提醒自己你前面已经积累的分数。

此外，较简单的题比棘手的题占用的时间更少。这意味着你将有更多时间处理更难的题目。这可以防止你进入看题→思考→放弃的循环。这种模式会降低信心，并最终因你不断切换题目而浪费时间。

这种策略对于追求拿到C等级分数的人特别有效，因为你将从战略性地选择题目中受益更多。如果你追求拿A，那么你无论如何都必须回答完所有问题。

4. 查看分值分布以获取答题长度的线索

分值设计是非常严格的，它用来确保公平。因此，如果"沙漠的特征"标着4分，那么其答案通常会含有5~6个给分点，阅卷时答到一个给分点得一分，最多4分。

比较确定的是，如果你没有答出4个关键点，你就会丢分。也许你可以在答卷上画一个箭头来提醒自己这里需要思考，这样如果你后面还有剩余时间，或者脑海中闪过一个答案，你能很快找到去哪里填上答案。通常有的问题下方有4条线，每条线前面有个项目符号的标示，这让你知道你应该回答多少条。一些学生会为只有一两分的题目写上很长的答案。如果知道额外的内容不会带给你额外的分数，那么最好的建议是抓紧时间做其他题。

同样，如果你卡在某道题上，请跳过继续往下做。盯着一个你不知道如何回答的题目是在浪费时间。画一个箭头或类似的符号来标记这个地方，以便你之后有灵感时可以回来完成它。

5. 随身带一瓶水，慢慢地小口喝

喝水是保持冷静的好方法。此外，有些人在考试期间会大量出汗！有研究表明，喝水会对你的成绩产生重大影响。

超会学习的大脑解密

东伦敦大学的克里斯·鲍森博士（Dr. Chris Pawson）在2012年的研究表明，在考试过程中喝水有机会提高5%的成绩。原因可能是来自心理上的，也可能是生理上的，但积极的影响是显著的。

6. 猜测答案

估算数学题答案，以帮助你识别明显的错误选项。如果你的答案里月球和地球之间的距离是3840毫米，那么你肯定错了！即使你没有时间再回去纠正错误答案，但至少要在答题时写一些步骤来获得一些过程分。

7. 经常解释你在做什么

在解答需要较长作答时间的问题时，特别是如果你没有得出正确的答案，请解释你在做什么并展示你的思考过程，即使结果不对。因为这让考官有机会给你一些或大部分的过程分。在论述题中，等效的方式是在时间用完之前使用要点或思维导图来展示知识框架。

8. 在最后15分钟的时间节点，暂停并检查你还需要完成什么

如果你的时间只够做完一个问题，但还剩下两个问题，那么最好的做法是什么？最大化分数的最简单方法是做这两个问题的前半部分。一道题答案的前半部分比后半部分能让你更快地获得分数。如果你没有时间写句子，那就写要点。

如果你的时间真的很赶，一张显示关键点的思维导图也可以为你争取一些分数。如果你没有时间进行计算，请写下并解释你将进行哪些计算。阅卷人可以给你一些方法分。当然，写要点并不是理想的得分方式，所以如果可以的话，最好避免这样做，但作为最后的手段，有总比没有好。

9. 不要早退

提早交卷的唯一理由是当你绝对确定你能拿100分的时候——这不太可能发生。你总是可以做一些事情来改进你的答案。检查，然后再检查。完成后，从头开始，尝试以不同的方式解题，并检查答案是否一致。还可以添加更多的解释，纠正拼写错误。

10. 考数学和科学时请用CUTE应试法

计算（Calculations）——你检查过你的计算吗？题目中各步骤的答案是否一致？

单位（Units）——克、立方米、x和y轴、公里、英里/小时……你是否记得写上需要使用的单位？这些单位都是对的吗？是否一致？

确认（True）——你是否回答了所提出的问题，而不仅仅是写了你所知道的？你是否完整地描述了题目要求解释的内容，并且没有遗漏一些明显或关键的内容？审题并回答问题——问题，全部问题，只有问题，就像法庭剧中所说的那样*。

阅卷人的眼睛（Examiner's eyes）——最后，像阅卷人一样通读你的答案。写清楚了吗？你想说的就是你实际写的吗？

考试时按CUTE来！

---

* 在法庭剧中常用台词为："The truth, the whole truth, and nothing but the truth." 即真相，全部真相，只有真相。——译者注

其他考试建议

- 写短句——它会让你的答案更容易阅读和给分。想想那些不得不仔细阅读大量文字的阅卷人。如果他们能迅速从你那里得到答案，他们会更愿意站在你这边。

- 永远不要用"因为……"作为答案的开始——将答案框定为直接的、适当的、独立的句子。这将使你的答案更有说服力。

- 输出记忆——最好在答题开始的时候写下关键的想法和信息，也可写一些关键笔记或画一张简易的思维导图。从一开始就把答案握在手中是件好事。

- 避免考完后立即进入不停回想答案的状态——你可能会在当天晚些时候进行下一场考试。保持冷静，为下一场考试做好心理准备。

考试季要做的关键事情

- 运动——到户外去！让你的心跳加速！更多地运动意味着更多的能量和更好的注意力。

- 水——确保你不觉得口渴。多喝水对你有好处。

- 阳光——你不是吸血鬼，出去晒晒太阳！

- 健康饮食——戒掉垃圾食品。太多的面包会使人感到臃肿和疲倦。人工糖含量高的食物会让你立即兴奋起来，但之后会更疲惫。含有天然糖的食物更好（例如草莓、香蕉），因为粗纤维会减慢葡萄糖的消化速度，因此你的状态不会高低起伏。

- 充足的睡眠——你每天睡够至少8个小时了吗？你需要。

- 与人聊天——你们待在一起，互相谈谈感受到的压力。把问题与别人聊聊，问题就好了一半。

- 继续加油——不要放弃，坚持学到最后。在完成最后一门考试之前不要停止复习。这是马拉松，不是短跑！

- 永远，不要，碰酒精饮品！——是的，这听起来是老调重弹，但它仍然是非常好的建议。

超会学习的大脑解密

考试季学生们可能很紧张，所以英国阿伯丁大学设置了一间特殊的"幼犬室"，学生可以在那里和小狗玩玩，以便减轻考试压力！

幼犬室的设置在加拿大和美国取得了成功，所以该大学也希望能通过这种方式让学生更健康，从而提高成绩。

所以，如果你感到有压力，那就去和小狗一起玩吧！

给你的三明治

一篇文章就像一个三明治。

你需要两片面包来包裹夹心层。如果没有它们，夹在中间的所有馅料都会混合在一起，你就会弄得一团糟。

最上面的那片面包是你的引言部分，吸引你的读者并确定你要去的地方。请保持简短。

底层的面包片是你的结论。在这里，你应该把整篇内容串起来并圆满总结。

4~5种"馅料"是你论文的核心。想想你的文章大约有4~5个段落。每段都应该持有不同的观点。就像三明治一样，你的文章的层次应该是不同的。

你可能会发现在每个段落中涵盖这些要点会很有帮助：

- ⊙ 立场：你要论证的是什么？

- ⊙ 解释：你为什么持有这种观点？

- ⊙ 例子：支持论点的事实、图表、统计数据和证据。

- ⊙ 扩展：一个相反的论点（解释你为什么不持有这种观点）。

- ⊙ 观点：重申你的立场并将该段的主题呈现出来。

确保你正在回答提出的问题。如果你写了一页的背景或描述，这可能不会给你加分。坚持以完成任务为主要目标。不要只讲故事！试着扣题。

始终用证据支持你的论点、理论或发现。用你的知识来支持你的答案。避免使用"我认为……"之类的短语，而要使用"证据表明……"——然后引用证据。

阅卷人给出的大部分分数都是因为看到了答卷人拥有独立思考和提出自己论点的能力。换句话说，考生要使用分析和评估的方法。

分析意味着探索论点的不同方面。

评估意味着得出一些结论，酌情提供解决方案或替代方案。

三明治需要面包片把馅料包裹在一起。正如上文所说，没有面包片，所有的馅料都会混合在一起，变得一团糟。看你的文章应该像吃三明治一样——首先牙齿穿过面包的顶部（引言），然后是第一种馅料（第一个观点），然后是第二种馅料（第二个观点），然后是第三种（第三个观点），依此类推。最后，会吃掉最下面的一片面包（你的结论）。

小结

- 告诉阅卷人你要告诉他们什么——引言不要太详细，但要突出你将探索的领域。

- 告诉阅卷人文章的主体。在4~5个段落中探讨3~4个关键论点，每段阐述一个不同的论点。

- 告诉阅卷人你已经告诉他们的结论。简明扼要地把你的论点放在一起。试着在结论中说一些新的东西——不只是总结你写过的所有内容。

有关口语、听力考试的建议

一般来说，人们害怕公开演讲的程度胜过怕死！这太奇怪了！你更愿意选择致悼词还是躺在棺材里？

因此，口语和听力考试或现代外语口语考试可能会非常让考生头疼。这里有一些方法可以帮助你在这类考试中获得出色表现：

- **保持目光接触**——看着观众或考官的眼睛。不要看地板或天花板。不要来回扫视现场——你只需将眼睛从左到右移动，然后再移回来。避免"跟踪者综合征"——你只盯着一个人看（除非只有一个人）！

- 使用下面的这些"P"：

  - 音高（Pitch，声调的高低）——确保你说话的声音不是单调的。也不是尖利的。紧张会让我们的音调飙高——最终，让男孩听起来像女孩，而女孩的声音尖到几乎只有小狗能听到！

  - 语速（Pace，多快）——紧张会让你语速加快，慢一点。

  - 音量（Power，声音大小）——确保你能被听到。如果你很紧张，提高音量会让你听起来更自信。

- 停顿（Pause）——给自己一些思考时间。可以停顿一下，这让你有时间思考，你的听众有时间吸收和反思你所说的话。

- **手势**——试着让手也说话。生动、充满活力！保持开放的手势——不要交叉双臂，不要把手放在口袋里或藏在背后。

- **走动**——如果有空间，并且你正在与人群交谈，请使用所有的空间，不要觉得你必须待在一个地方。不过，尽量不要徘徊——而是有目的地走动。

- **微笑！**——即使你感到害怕，微笑也会让你看起来更自信。

- **体态**——站直或坐直。双脚分开与肩同宽，尽量不要翘二郎腿。

- **声音充满热情**——这让你描述的世界变得与众不同。如果你的声音听起来很平淡，你的听众也会感到无聊。如果你充满激情地说话，每个人都会听你讲。

- **设问**——这会让你的听众持续思考。

- **使用名言或故事**——人类的好奇心确实有助于吸引听众。

- **计划**——总是事先想好你要说什么，并提前练习。

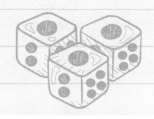

玩转"桌"游

不，这里的"桌"游不是"大富翁"或"妙探寻凶"之类的桌游，而是考试委员会的"会桌"。*

英国有多个考试委员会——而且它们所侧重的考试内容不同。有些会专注于课程的某个领域，而另一些考试委员会则可能完全不会触及这个领域。

你需要知道你正在学习哪个委员会的材料。通常，你可以购买的复习指南会涵盖来自考试委员会的不同材料。确认你知道是哪个委员出你要考科目的试卷。你的老师会告诉你的。

* 桌游的英文是"Board Game"，与"委员会"的英文"Board"是同一个单词。——译者注

描述、解释、讨论和比较

让我们想想，考官想在标准答案中找到什么。一般可以概括为描述、解释、讨论和比较。

那么这几项的区别是什么呢？这里有一罐豆子。

首先，描述豆子：

豆子是小豆类，可用来配番茄酱。它们装在带有纸质标签的金属罐子里。豆子是烤过的，但吃的时候需要加热。

其次，解释豆子：

豆类是一种易于准备的食物。它们可以作为正餐的补充品，也可以作为简单的餐食放在烤面包上。它们富含纤维，据说很健康。

再其次，讨论豆子：

有些人喜欢吃豆子，因为它们对健康有益，而且方便食用。有些人不喜欢豆子的味道，还发现食用豆子会使他们胀气。可以说低盐豆是更好的选择，因为它们可以替代普通盐量的豆子，成为一种对心脏更友好的食品。另一方面，尽管对健康有益，但许多人认为低盐豆味道一般。现在有许多不同的罐装烤豆生产商，而连锁超市里的产品一般更便宜，通常包括所谓的"基本款"或"超值款"两种。美食鉴赏家认为这些产品的味道通常不如高端品牌产品，而且调味汁"太淡"。但是，如果你现在收入较低，或还是学生，超市版的烤豆子可能是更好的选择。

这里有一罐意大利面。

最后，比较豆子和意大利面：

豆子和意大利面都装在相似的铝罐里出售，都贴有相似的标签。它们都需要配番茄酱。它们都是方便食品，吃法类似，例如都可以和吐司一起吃。

然而，豆子是一种可食用的豆类，意大利面是一种面食。豆子又小又圆，而意大利面又细又长。进食豆类是摄取蛋白质的良好来源，而意大利面是由小麦制成的，是摄取碳水化合物的来源。

知道它们的区别了吗？

描述是列出特征。

解释是讲明用途和优点。

讨论与争论有关——明确利弊。

比较是关于异同的。

现在请你试试：

描述蛋糕。

解释蛋糕。

讨论蛋糕。

现在，请比较蛋糕和饼干。

或者，想一想PS和Xbox这两款游戏机。你能描述、解释、讨论、比较它们吗？

考前重要提示

- 在进入考场之前尽量不要与人交谈——如果你的同伴一直和你说他们学了多少，那可能会影响你的信心。

- 去散散步。

- 练习平静呼吸。

- 进行电子排毒——避免在考试前上网，也不要看电视。

- 听一些舒缓的音乐。

- 进考场前去趟厕所。

- 考试前一两个小时吃点东西。香蕉有利于补充能量。

- 确保你的计算器有电。

- 有点紧张也没关系。试着放松——深呼吸是不错的选择。如果你有一段可以鼓舞自己的激励语，那现在就开始说："我很好……我已经学会了……"还可以拉伸身体，做放松练习。

- 不要试图作弊——不要在你的手臂上写东西或试图带手机进考场。

- 考试时带点糖果（但请阅读我们所提到的关于高糖那部分的内容）。

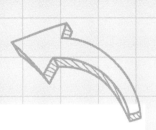

- 如果题目需要你看数据（例如图表或地图），确认所有信息都在页面上。利用好送分题。

- 计划好你的时间——如果一张试卷由三道论述题组成，请确保你平均分配时间。

- 为写作罗列要点，大致规划一下结构，然后再写。

- 你不需要按顺序回答问题。

- 不要穿不合身的衣服。确保你不会太热或太冷。

- 如果你坐在一张摇摇晃晃的桌子前，请告知监考老师——但要在开考之前。

- 重新阅读你的答案，确保你没有写出非常傻的答案。检查语法和拼写。保持你的卷面整洁，包括你的笔迹。如果你考卷上的字写得有点凌乱，请不要担心——只要保证这些内容能被读懂就行！

- 展现出你的努力。如果你的时间快到了，就写要点——你仍然可能会因为自己罗列出了想法而得到一些分数。

- 如果监考老师来回踱步干扰到了你，告诉他们。他们确实需要巡视考场，但是如果你被他们的行为所困扰，最好让他们意识到这一点。

十大考试必做之事

1. 正确阅读所有问题。看看试卷的背面——那里可能还有很多你没看到的题目!

2. 重读每个问题。理解题目要求你做什么。如果题目要求解释或讨论某事,请不要花很长时间来描述某事。

3. 随身携带一瓶水。

4. 确保带齐文具——钢笔能用,铅笔没断,等等。

5. 考前睡个好觉。

6. 先做简单的题。

7. 看看每道题的分值——不要在一个3分的问题上花10分钟的时间。不要在一个分值20分的问题上只花3分钟。

8. 不要惊慌! 但一定要注意看表。

9. 检查你的答案。

10. 不要留下任何空白——如果你不知道,猜一猜!

十大考试不宜

1. 唱歌。

2. 睡着。

3. 试图看别人的试卷。

4. 无法控制地笑出声。

5. 在桌子上写字。

6. 把口香糖放在座位下面，或者放在你的头发里，或别人的头发上。

7. 接听电话。

8. 尝试从10米外将纸团扔进垃圾箱，你不是迈克尔·乔丹。

9. 释放身体中的固体、液体或气体。呃！

10. 到了现在，为时已晚，尽力而为吧。回答你知道答案的问题，然后猜猜剩下的！

总结

请勾选出你同意的内容：

❑ 考试前一晚保证充足的睡眠。

❑ 正确阅读试卷。

❑ 尽量保持冷静：避免碰到会给你带来压力的人。

❑ 确保你读懂了题目的要求。

❑ 如果时间不够，写短句或要点。

❑ 先做最简单的题目，以增强你的信心。

❑ 避免考试过程中饿了或渴了。

❑ 尽力而为。

❑ 不要放弃。

第6章

面对结果

为下一步准备

注意：在你的分数公布之前，提早看本章的内容。最好提前为下一步做好准备。

如果你知道在"最好情况"或"最坏情况"时怎么做，就能让压力最小化。

如果我考得很好

如果我没考好

我的目标（首选学科/职业）：

··

··

··

列出一些其他选项（我的备选项）：

··

··

··

与要申报的学校确认开设的课程是否是你想要学习的。

列出你在收到考试结果后想要得到建议的人员名单（包括他们的联系方式）：

1.···

··

2.···

··

3.···

··

如果结果与你的目标一致，那么享受这段休息时光并为下一阶段的学业或找工作做准备。

如果结果与你的目标不一致（有些人考得比他们想象的要好得多，有些人则比他们希望的要差很多），那么你可能要考虑做一个新的计划。

现在不是恐慌的时候，现在是理性评估你的选择的时候了。

在重新规划你们未来的生活之前，和你的老师确认他们是否建议你申请分数复核。你确实有选择的余地，重要的是在做出你日后可能会后悔的轻率决定之前考虑所有的选择。

你认为你有哪些选择，在一张纸上写下来。从尽可能多的渠道中寻求更多信息和建议，找寻任何可能的选择。不要着急去挑最好的选择——确定所有的可能性是当下最重要的。

希望你收集的信息不会相互矛盾。如果会，需要进一步研究。中立的建议是最好的，但是也可以从更有倾向性的选择中收集信息，只要你确认这些课程、培训或工作一直存在就好。

最后，创建一个选择列表（至少列出3个，但不超过6个），然后分组整理对你更有帮助。

....

....

....

....

成绩公布之后

你已经拿到结果了！做得好。

在英国，16岁时，你最好的选择是继续全日制的学习（50%的学生会继续在普通高中学习）。其余人中，有35%参加职业课程，10%选择学徒制学习，5%开始工作。

确认你所申请的学校或大学的录取标准。你达到要求的成绩了吗？

如果你的结果与你的预期成绩相似，通常学校会很乐意为你提供你最初申请的课程或科目的名额。如果你的成绩更高或低了，他们可能会为你提供替代课程。如果可能的话，在申请过程中讨论这个问题，并找出学校/学院可以提供哪些替代课程。

你是愿意留在学校还是去上公立学院＊？思考在哪里学习比学什么课程本身更重要。该学院是否能满足你的需求？如果不能，那么你应该在成绩公布之前寻找替代方案。

学徒制受到高度追捧，申请人数总是过多，每个学徒制名额都有十多名年轻人申请。为了确保你被选中，你要准备什么？你是否已经积累了一些工作经验（不仅仅是学校安排的那一周实习）？你拿到你可能拿到的最好成绩了吗？

如果你取得了想要的成绩并且已经被录取了，那就请坐下来，放松一下，享受剩下的假期吧！

＊ 英国公立学院，英文叫做Further Education Colleges，简称FE Colleges，是由英国教育部资助和管理的学院，是英国中考之后能接受的教育形式之一，不同于大学，通常能让学生获得上大学所需的中级课程和一部分大学专科课程。——译者注

在你取得毕业成绩之后

18岁时，你的选择可能是全日制学习。如果你已经申请了大学学位，那么你已经在招生服务系统中了。确保结果出来时你就在本地，因为你可能需要处理接下来的事情。如果可能的话，将你去马盖鲁夫岛的度假计划推迟几天！

如果你的成绩比预期的（有条件或无条件）录取所要求的分数低，你需要直接与大学确认或通过招生服务系统确认你是否仍然被录取了。

对于少数人来说，提早复核分数可能是个正确的选择。在开始这么做之前，请咨询熟悉你的老师。这也将产生费用，你的学校或学院可以为你提供建议。你甚至可以讨价还价！复核分数通常可以在72小时内完成。

如果你没有获得第一和第二志愿的录取名额，你将自动进入招生服务系统的补录程序。2012 年，当最终录取结果出来时，约12,000个名额没有被填满，所以请一定要保持乐观心态！

相反，如果你的成绩远远好于你的预期成绩，并且你想重新考虑你的专业选择，你可以联系大学并询问他们是否在招生服务系统中有调配名额。

所有有空缺的课程都会在网上公布，你可以联系大学并尝试申请一个名额。对于学生和大学教职员工来说，这都是一段紧张的时期，因此在与人交谈时要

保持礼貌和耐心。保持冷静，只询问并接受你真正愿意承诺在未来几年里去学习的专业课程。

谨慎且认真地考虑重考的事宜。这只能在下一年才能实现，所以你需要再等九个月才能重新参加考试。这值得吗？即使你需要特定的成绩才能进入某所大学学习某门课程，这实际上也只是走进去的其中一条途径。当你的许多朋友继续前进时，你有什么重要的理由需要重读一年吗？

如果你坚持要重考，请记住，大学招生官会想知道你在这一年里做了哪些富有成效的事情。不要虚度着光阴等待来年夏天的考试。

休学一年的选项吸引了一些打算工作和旅行一年的学生，同时在下一个考试周期通过招生系统重新申请。获得成绩后再去申请的好处是你提前获得了成绩，没有不确定性。

当然，并不是每个人都选择申请大学，对于不继续深造的学生，可以选择去工作或进行学徒制的学习。

如果你能在申请大学之前回答所有这些问题，那么你就已经准备好申请了！

- 除了读大学以外，我还有哪些可能的选择？
- 我想住在家里还是搬出去？
- 申请大学需要什么等级/分数？
- 根据我想就读的专业情况，了解相关大学的声誉和排名？

- 我想读的课程有什么样的配套资源?
- 学习该门课程的大学毕业生就职去向如何?
- 该课程能帮助我获得我想要的工作吗?
- 我第一年能住宿吗?
- 大学的夜生活丰富吗?
- 大学是否能满足我的运动/爱好/兴趣?
- 是校园大学*吗?
- 我想在大城市生活吗?
- 作为课程的一部分,我有出国学习的机会吗?
- 是课堂教学与工作实践交替进行的课程吗?
- 我将如何被评估(例如持续性评估、课程/模块考试)?
- 学费是多少?可以获得哪些经济支持(包括助学金)?
- 我的住宿费用是多少?
- 我的同龄人会怎么看我的计划?
- 我的父母/老师对我的计划有什么想法?

* 校园大学(campus university)是一个英国
教育的术语,指那些学生宿舍、教学和研
究设施、休闲娱乐设施全都位于同一个地
址的大学。——译者注

进入大学的重要提示

1. 对你选择的专业有热情——你真的想学习这个专业吗？

2. 用实际行动兑现你的承诺——在你想学习的领域获得工作经验。

3. 了解你申请的课程——你喜欢它什么？每所大学提供的课程之间有什么区别？

4. 与学该专业的人聊聊——他们的经验是什么？

5. 现实一点——如果要求是3个A，而你只能达到2个D和一个E，那么这个课程可能不适合你！

6. 你是在做你想做的事，而不是你父母或老师期望你做的事吗？

7. 准备好面试。了解面试方式，并针对你可能会被问到的问题类型准备答案。

8. 在高考中取得好的成绩。

9. 考虑做一个拓展的学习项目。

10. 问问自己"我为什么要在那个学院学习那个专业"并找到答案。

最后想说的话

我们快要说再见了！

希望你已经发现阅读本书的这段时光对你是有所帮助的。学习这件事不仅仅是在中学或大学时需要做，学习是一生的事，所以在未来的几年里你很可能会随时觉得有必要重新看看这本书。把它放在安全的地方，需要的时候记得拿起它重新读读……

正如一开始所说的，我们不能告诉你如何做所有的事情——我们只能提供建议。我们不能对你的成功（或失败）负责，但请权衡我们的建议并做出自己的决定。如果你认为本书有帮助，那就太好了！如果你不这么认为，那好吧，我们尽力了。这是我们最后所能做的了。

所以，在我们离开之前，再做最后一个活动吧，这个活动来自大卫。

成功是理论（知识）和实践（对知识的应用）的结合体。

根据你当前对某个课程主题的了解程度给自己打分，分值范围1~10；再根据你当前使用和应用你所知道的知识的效果给自己打分，分值范围1~10。然后将这两个数字相乘，以百分比形式确定你当前的水平。

将这两个数字转换为百分比（例如，5分转化为50%）通常会使我们当前的分数看起来更低。在学习和复习中，我们需要注意本书所涵盖的所有领域。漏掉一个部分可能会使你的整体表现下降。

例如，你在酒店的床铺整理这方面的得分是多少？

在1~10分的范围内，你可能会觉得自己在整理床铺方面大约是8分。你知道大部分基础知识，但对于一些专业的铺床技巧，你可能一无所知 [例如 "医院床单折角铺叠法" 或 "开夜床（服务）要求"]。

但是，你可能很少整理床铺，因此这些知识并不是很有帮助！所以你会在使用和应用方面给自己打 2 分。

你的相乘分数如下：

80%（知识）× 20%（使用和应用）=16%

你可以把这个公式用在生活的许多领域，但现在让我们把它用在关于 "学习技巧" 的自我评定中。

你对学习技巧了解多少以及你是如何使用它们的？

（a）当前知识：_____（满分10分）。

（b）目前对该知识的使用：_____（满分10分）。

将两个数字相乘10a%×10b%=_____%

你能做些什么来提高你的分数？你觉得你现在的分数怎么样？

………………………………………………………………

………………………………………………………………

………………………………………………………………

………………………………………………………………

………………………………………………………………

大卫说：

我最喜欢的一项研究是和鱼有关的。

科学家们研究了掠食性梭子鱼。首先，他们在装满美味小鱼的鱼缸里放了一条梭子鱼。梭子鱼很快就把所有的小鱼都吃光了。

接下来，他们将更多的小鱼放在水箱内一个倒置的玻璃碗中。梭子鱼很快就知道它无法吃到这些小鱼。

然后科学家们移开了碗，但梭子鱼保留了它刚刚习得的行为。它不再尝试去吃小鱼，尽管小鱼们在水箱周围自由地游动。

人们一旦相信了什么，就容易固执不变了，当周围世界发生变化时，这些信念阻碍了他们前进。

我们相信，我们可以做得比我们想象的要多得多。如果你使用本书中的一些想法来帮助你相信并发挥自己更大的潜力，我们会非常高兴。

蒂姆说：

当我十几岁的时候，我妈妈给了我一张小卡片，上面刻着拉迪亚德·吉卜林（Rudyard Kipling）的诗《如果》（《丛林之书》里很有名的一首诗）。25年过去了，我现在仍然保留着这张卡片。

这是一首伟大的诗。如果你从来没有读过它，你真的应该读一下。这首诗是吉卜林写给他即将成年的儿子的关于未来生活的寄语。它探讨了我们在本书中讨论过的许多信念和技能。

到目前为止，你已经发展出了哪些品质？你可以把它们勾选出来。

这些是吉卜林关于成年意味着什么的想法。你的想法是什么？你是否把想法实现了？这需要一段时间。但你会做到的。

以下是这首诗的现代改编版：

如果……

如果众人六神无主并对你妄加指责，你能镇定自若吗？

如果被众人猜忌怀疑时，你还能自信如常而不妄加辩论吗（像你一样，他们也只是人类）？

你能不慌不忙而非急不可耐地等着事情进展，同时不变得沮丧和焦虑吗？

你能应对众人的流言蜚语，而不调嘴弄舌吗？

如果众人对你嗤之以鼻，你还能做到以德报怨吗？

你能保持高昂的士气，但又不自以为是吗？

你敢于放飞梦想，但又不会远离现实和此时此地吗？

你能独立思考，但又不会思虑过多以致自恋或压力过大吗？

你能体验成功而不喜形于色，或者遭受失败而不退缩沮丧吗？

你能坦然应对他人出于个人的目的而污蔑你的声名吗？

你能在自己为某件事辛苦付出——鲜血、汗水和眼泪——却化为乌有之后，从头再来吗？

你能像我们一样犯着愚蠢的错误，但从中吸取教训吗？你善于理财吗？你知道它的价值吗？累了还能坚持吗？

　　你能在你的身体、精神和大脑都在告诉你放弃时，找到坚持下去的力量，相信事情最终会好转吗？

　　你能在与同龄人相处时做你自己而不屈服于同伴压力吗？

　　你能与来自各行各业的许多不同的人——从皇室成员到街边路人——谈笑自如吗？

　　你能在众人让你失望时——无论是敌是友（他们一定会的），仍然毫不气馁吗？

　　你能靠得住，但又不被占便宜吗？你能让人生的每时每刻都是有价值的吗？

　　如果你能，你将像我们中的任何人一样接近成年人，你将拥有智慧的大脑！

　　恭喜！

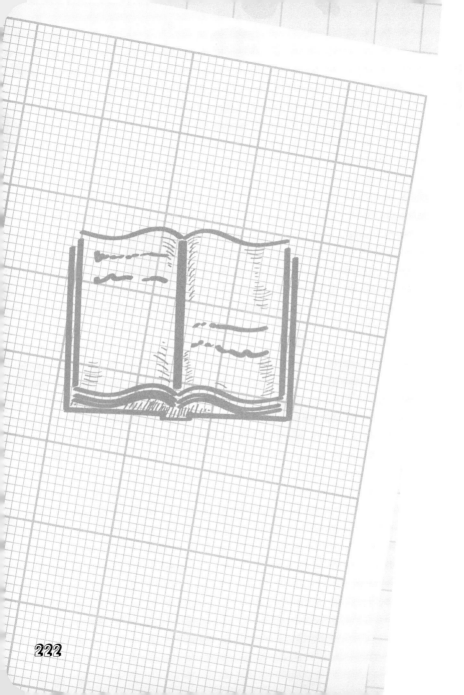

后 记
给家长的建议

本节为父母提供了一些建议，因此请给他们看看本节内容——或者更好的是，让他们自己买一本！

嗨，妈妈、爸爸、叔叔、阿姨、监护人、社工、兄弟、姐妹、奇怪的家人朋友，每个人都叫你"叔叔"但其实并不是亲戚的你……欢迎走进"超会学习的大脑"！

我们猜你正在阅读此书是因为这本书的主人即将参加一些重要的考试。你希望他们干得漂亮，对吧？

好的。因此以正确的方式来支持他们很重要。坏消息是，他们是青少年，青少年往往会做出错误的选择。这不是他们的错——他们还在成长过程中。作为青少年，做出错误的选择是我们所有人都会经历的人生过程，这有助于我们学习如何做出正确的选择。所以唠叨他们，会让他们的这段人生旅程更为艰难，这似乎并不是个好的相处方式。他们只会怨恨你，结果可能会学得更少（如果还学的话）。

所以，你可以做什么呢？好吧，下面是我们列出的一份指南/清单，用来帮助青少年通过考试。

可以剪下来

223

保持冷静！对他们大喊大叫、发脾气通常会适得其反。鼓励永远是最好的方法。

对抗性语言："你还什么都没做！快去复习！现在就去！否则我会拿走你的手机，把它扔进垃圾箱！"

鼓励性语言："如果待会儿我们来测一测你所学到的知识，你觉得会有帮助吗？我可以在晚上 9 点左右来做这件事，所以你有大约一个小时的时间来复习。那之后我们就可以一起看你想看的电视节目了。"也许这也行不通，但理性的表达总比大喊大叫好。

奖励是不错的办法！你需要设置奖励规则并坚持下去。可以用长期奖励（比如，结果导向——"拿到10个A，你就可以和你的朋友一起去纽基"），但短期奖励更好，因为你家的这位普通青少年会发现活在当下更容易（"如果你在晚餐前复习一小时，今晚就可以不洗碗了"）。如果他们做不到自己答应的事情，你就不能给他们奖励。如果没完成任务你还给奖励，那他们就永远不会学着做该做的事。

嘘……他们学习时需要平和和安静。家里的氛围是有帮助的吗？如果有年龄比较小、比较吵闹的弟弟/妹妹，他们需要知道哥哥/姐姐需要一些空间。请不要在房间里大声争论："战区"可不是学习的好地方。

邀请他们的朋友。本书的一大观点是与他人合作的重要性。复习不一定要独自行动。鼓励他们邀请周围的朋友进行一对一或小组合作复习。尽量不要让他们难堪（他们小时候的旧照片对你来说可能很甜蜜，但对他们来说却可能是一种折磨）。

空间很重要。在他们的房间或餐桌上，给他们安排学习的空间。允许他们在床上复习不是一个好选择。床是用来睡觉的，复习很无聊，复习+床=睡觉。睡觉=没有学习。

他们需要有规律地休息。每个复习"时段"大概20分钟就可以了。他们应该在每个时间段之间进行短暂的（5~10分钟）休息。

复习需要专注。他们会告诉你，他们可以同时进行复习、看电视、玩游戏、发短信和听音乐等多项任务，但其实他们不能。这些东西可能是你付钱买的，因此您有权将它们拿走。

边听音乐边学习的效果可能更好。我们都是不同的。有些人觉得听音乐有帮助，另一些人觉得这分散了注意力。当然，听的是什么会带来很大不同。重金属音乐永远不利于集中注意力，永远不会。请记住：他们一次只能真正专注于一件事，但音乐可能会使学习更愉快。

可以剪下来

陪伴是有益的。他们不需要独自学习（参见"邀请他们的朋友"）。当房间里有其他人时，有些人会更容易集中注意力。其他人忙碌的能量能使他们保持警觉。

可以考考他们，或者让他们给你讲解相关内容，这是最好的学习方法之一。

如果他们没有发挥出应有的成绩，天不会塌下来。考试成绩虽然很糟糕，不是积极的结果，但生活还会继续，他们会找到自己前行的方式。太大的压力会让一些学生崩溃。强调考出好成绩、全力以赴对他们来说是重要的，但无论结果如何，你仍然爱他们。

学校是你的盟友。他们也希望你的孩子表现出色，并乐意根据需要提供建议、信息和支持。与他们交流，保持冷静并相信他们——他们是专家。但不要害怕说出你的恐惧。始终保持冷静和尊重，对老师大喊大叫毫无意义，就像老师对学生大喊大叫也一样没啥效果！但有时学校并没有把事情做好，这并不是他们的过错——学校是个庞大的组织而且有很多学生——所以如果有什么不对劲的地方，说出来是很重要的，但请以建设性的方式去沟通。

他们需要充足的睡眠。每晚大约8小时。采取一些方法施行宵禁并不是一个坏主意。晚上9∶30关闭网络路由器。确保电视在晚上 10 点之前关闭。如果他们不自律，你可能需要与其讨论将电视从他们的房间搬走的问题（如果他们有电视的话）。勇敢起来，但要坚定。

给他们1天假。如果他们已经学习了6天，最好允许他们休息1天。当他们精神饱满地回来时，他们会更有效率。

不要苛求。你是否对他们提出了太多其他要求？"我们今晚要出去""你需要见你的奶奶""你还没有做家务"——所有这些事情都很重要，坚持习惯也很好，但要确保他们有足够的时间进行复习。这是这段时间的首要任务。

休息时间很重要。考试即将到来，并不意味着他们就因此需要放弃所有的爱好和兴趣。抽出时间做些与爱好兴趣相关的事情对他们是有好处的。最终，这些兴趣也会使他们更加全面。考试成绩是进入下一阶段的敲门砖，但并不是一切。来自学校活动之外的技能、活动、社交等，即使不是更重要的话，也是同样重要的。格局要大。他们将在学习如何平衡不同的事情过程中学会时间管理，这将让他们在未来的生活中受益匪浅。

聪明地学习而不仅仅是努力。让他们把需要学习的信息贴在墙壁、冰箱门、浴室镜子上。这将有助于将信息缓慢地注入他们的大脑。你没准最后也能学会了！

健康早餐很重要。以下食品不属于健康早餐：士力架、软糖、红牛等能量饮料、甜甜圈、香烟、汉堡、彩虹糖、可乐或巧克力。吃得好很重要。很多重口味的食物不利于专注。同样，他们饿的时候也很难集中注意力。鼓励他们多喝水，并在屋子里准备好新鲜水果。他们可能不知道什么是真正的水果，告诉他们。

继续爱他们，无论如何。有时他们会很可恨。他们会拒绝你的帮助，对你大喊大叫，让你的生活变得痛苦，让你宁愿自己从未有过孩子。这是一个阶段，会过去的。在这段时间爱他们，比以往任何时候都更爱他们。他们需要知道你站在他们这边。鼓励他们，爱他们。

记住：黎明前是最黑暗的时刻。

致　谢

我在写这本书的过程中得到很多人的支持、鼓励和启发——希望我不会遗漏任何人。我要感谢我的合著者大卫，他第一时间就找到我来合作写这本书，信任我的能力。与一位在这方面有过经验的伙伴一起工作是如此默契，而且大卫是一个冷静而有动力的写作伙伴。感谢卡罗琳、伊恩、贝芙以及皇冠屋的所有人，感谢他们认可本书的理念，并愿意承担风险。感谢设计师和插画师，他们出色地将我们的想法变为现实，落到纸上。

"独立思考大家庭"始终给予我们巨大的支持，非常感谢罗伊、戴夫、海威尔、吉姆、西蒙、柯伦博士和伊恩，尤其是你们的想法和灵感。

有许多老师持续地相信我，给我信任，我非常感谢他们，非常感谢圣玛丽切斯特菲尔德的洛伊丝和玛丽亚、本·斯莱特、凯特·波普、尼基·爱德华兹和克里夫学校的许多许多其他人，还有史蒂夫·布雷迪、罗布·沃伦、露丝·迪格比、彼得·豪厄尔、德里克·皮特、"印度成就者计划"的塔兰维尔·辛格·古龙、凯特·沙托克和琳达·麦克科尼。谢谢你们。

另外，我要感谢很多听过我的复习课讲座后，在推特上表达这节课对他们有多大帮助的学生们。我很高兴，希望我们的书能帮助更多的人。

就我个人而言，感谢利比和杰里米·沃尔，不仅提供了一些实用的复习技巧，还一直给予我稳定的支持和"一直在那里"的感觉。弗金斯家庭也是如此。感谢我的"三一巷（Trinity Cheltenham）"小组，无论过去、现在还是未来，他们一直在我身边，支持并鼓励着这个项目。一如既往地感谢鲍博——一位出色的顾问和朋友。感谢我所有的家人，本顿和威莫尔都同样地——如此支持我。我很幸运，有父母作为我考试时的坚强后盾——没有他们，就没有这本书，也没有任何其他东西。我将永远心存感激。最后，我必须感谢我的妻子克莱尔，在本书创作的整个过程中，她一直陪伴着我，她真是太棒了。

谢谢你们所有人。

蒂姆·本顿（Tim Benton）

我想回应蒂姆的致谢，并感谢所有帮助这本书面市的人，包括教师露西·高顿和大卫·塞尔，感谢他们分享自己的复习技巧。我们的愿望是能支持到学生、教师和家长。希望这本书能帮助学生在学校内外充分发挥他们的潜力。

大卫·霍奇森（David Hodgson）

记笔记的地方……

记笔记的地方……

记笔记的地方……

记笔记的地方……

记笔记的地方……

作者简介

大卫·霍奇森（David Hodgson）

教育学者，主要研究青少年学习动机、目标设定、生活技能和就业能力等问题。

蒂姆·本顿（Tim Benton）

知名学业培训师和教育家。他通过自己长期的游戏化教育实践，帮助众多青少年高效成功完成学业。

译者简介

曹慧

香港中文大学心理学系博士，北京教育学院教育管理学院博士后，现为北京教育学院教育管理与心理学院心理系讲师。

中国社会工作联合会青少年与学校工作委员会常务委员，中国心理卫生协会青少年心理工作委员会委员。

主要研究领域为社会情感能力，作为核心成员参与的社会情感能力项目获基础教育成果奖北京市特等奖。曾主编《教师社会情感能力培训手册》，参与翻译的作品有《正念养育》《ACT就这么简单》《爱与教养的双人舞》等书。

史健媛

中国科学院大学发展与教育心理学硕士，国家三级心理咨询师，接纳承诺疗法取向心理咨询师，中小学社会情感能力课程开发和讲师。

曾参与翻译《爱与教养的双人舞》一书。